FLYTYING
The Basic Skill

FLYTYING
The Basic Skill

Learn all the basic tying skills

via 12 popular international fly patterns

BARRY ORD CLARKE

THE FEATHER BENDER

EST. 1961

タイイング動画について

本書に掲載されているフライ、及びテクニックのYouTube動画を見るには、以下の三つの方法があります。

① QRコード
　スマートフォン、もしくはタブレット内蔵のカメラで赤いQRコードを読み取ると、自動的に動画がスタートします。

② URL
　PCもしくはMACのブラウザにURLを入力してください。

③ タイトル検索
　ブラウザにこの部分のタイトルを入力してください。

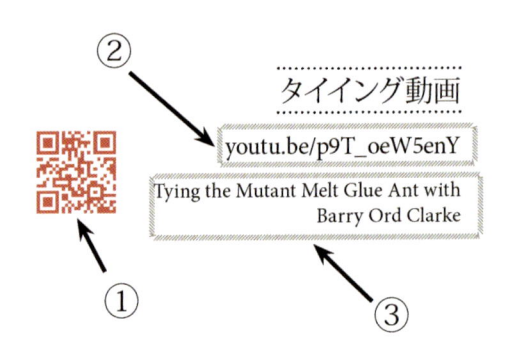

② ……………………………………
タイイング動画
……………………………………
youtu.be/p9T_oeW5enY

Tying the Mutant Melt Glue Ant with Barry Ord Clarke

①　③

Contents

本書に出てくるフライタイイング用語

Abdomen／アブドメン
ボディとほぼ同義。フライのソラックス（胸部）より後部の部位を指す。虫の腹部。

Barb／バーブ
①ハックルの1本1本の繊維、または1本の毛。ファイバーとも呼ぶ。
②フックの先端（ポイント）とカーブ部（ベンド）の間に逆向きについている返し

Bead head／ビーズ・ヘッド
フック・アイ（フックにティペットを結ぶ部分）後部に取りつける金属、プラスチック、またはガラスのビーズ。フライに重さ、またはアトラクター要素を加えるために使用する。

Butt／バット
アブドメンの最後部、テールの根元部分。スレッドを数回転させて形成することが多い。

Cape／ケープ
ハックル・フェザーで覆われた鳥の首や背中の部分を表皮ごと剥がしたマテリアルの呼称。

CDC
カモの尻部分のフェザー。油分を多く含み、細かなファイバーが密集しているため、浮力に富む。ドライフライ用の重要マテリアル。

Collar hackle／カラー・ハックル
ヘッド後方のフック・シャンクに、垂直に巻きつけられたハックル。伝統的なドライフライ・パターンに使用されることが多い。

Counter wrap／カウンター・ラップ
スレッド（糸）、ティンセル、ワイヤーなどのリブ用マテリアルをフック・シャンクに巻きつける際、ボディ・マテリアルと反対方向に巻き留めるテクニック。ピーコック・ハールのような壊れやすいマテリアルを補強するために使われることが多い。

Dry fly／ドライフライ
キャストしたフライが水面に乗るようにデザインされたもの。トラウトには、羽化直後のメイフライ（カゲロウ）が浮いていたり、落下した陸生昆虫が水面に浮いているように見えたりする。多くの場合、フロータント（浮力剤）を塗布して使用する。

Dubbing loop／ダビング・ループ
主に太めのボディ用のダビング材を紡ぐために形成するスレッドのループ。

Dun／ダン
①メイフライの亜成虫のこと。メイフライはニンフ（幼虫）からアダルト（成虫）に変態する際、亜成虫という段階を経る。羽化したばかりの亜成虫は運動能力が低いため、トラウトに捕食されるリスクが高い。
②マテリアルの色。「ダン」はくすんだグレーのことを指し、亜成虫のボディやウイングの色のことではないので注意。

Emerger／イマージャー
水生昆虫が羽化する途中の形態。水底から水面に向かって浮上する最中、もしくは水面直下にぶら下がった状態の姿。水面直下にぶら下がった状態の水生昆虫をクリンクハマー、水中を上昇している状態をソフトハックル・フライで模すことが多い。

Flare／フレア
ディア・ヘアなどの獣毛をスレッドを使って扇状に開くテクニック。

Floatant／フロータント
ドライフライを水面に浮かせるために塗る化学溶液。ジェル、リキッド、ペースト、パウダーなどのさまざまな形状があり、いずれもドライフライの吸水を防ぐために使用する。基本的には釣りの現場でフライに塗布することが多いが、タイイング時にあらかじめ塗布しておくパターンもある。

Guard hairs／ガードヘア
ビーバー、ヘアー（ウサギ）、フォックス（キツネ）などの外側の毛。柔らかなアンダーファーの上に生えている。

Hackle／ハックル
ニワトリのネック（首回り）、もしくはサドル（腰回り）の羽。コック（オス）・ハックルはドライフライを水面に浮かすために使用されることが多い。

Hair wing／ヘア・ウイング
ドライフライのパターンによく使われるタイプのウイング。ディア・ヘア、エルク・ヘア、カーフ・テールなどで作られるのが一般的。

Herl／ハール
主にピーコック（クジャク）やオーストリッチ（ダチョウ）など大型の鳥の羽を形成している1本1本のファイバーのことをいう。多くのフライパターンでアブドメン、ソラックス、ウイング・ケースに使われる。

Nymph／ニンフ
水生昆虫の幼生、もしくはその状態を模したフライ。

Rib／リブ
昆虫の体節を模すために、（他のマテリアルの上から）螺旋状に巻かれたワイヤーやティンセル。リブを作るタイイング・テクニックは「リビング」と呼ばれる。

Parachute Post／パラシュート・ポスト
パラシュート・フライパターンのハックルを巻くために、フック・シャンク上部に垂直に立てる支柱。

Parachute hackle／パラシュート・ハックル
パラシュート・ポストに巻かれたハックル。カラー・ハックルで巻かれたドライフライのハックルはフック・シャンクに対して直角に広がるが、パラシュート・ハックルは水平に広がる。

Palmered hackling／パーマー・ハックリング
ハックルをフライのヘッド、もしくはパラシュート・ポストだけでなく、ボディ全体に巻くテクニック。

Saddle／サドル
ドライフライのハックルとして使われるオスのニワトリの腰回りの羽。首回りのネック・ハックルに比べて、1本1本が長い。ヘン（メス）・サドルはニンフフライやウェットフライに使われる。

Segmentation／セグメンテーション
昆虫の体節を模すために、フライの腹部を分割して見えるようにすること。多くの場合、リビング・テクニックが使われるため、「リビング」とほぼ同義。

Streamer／ストリーマー
大型の水生昆虫やリーチ（ヒル）、小魚を模した大型のフライパターン。水中に沈め、リトリーブして動きを演出する。

Tail／テール
主に水生昆虫のしっぽ部分を模すために取りつけるが、ドライフライにおいては水面を保持する機能も果たしている。

Tag／タグ
フック・シャンクの最後端に取りつける極度に短いテール、もしくはそこだけ色を変えたテール部分。多くの場合、鮮やかで目立つ色が使用される。

Thorax／ソラックス
①水生昆虫の胸部、もしくはフライの頭部と腹部の間の部分。
②カラー・ハックル・フライのフック・シャンク下部のハックルをカットしたフライ・パターンの一般的な呼称。

Under fur／アンダーファー
ディア（シカ）、ヘアー、ビーバー、フォックス、カーフ（ウシ）など、哺乳類の体表近くに密生している細く柔らかい下毛。フライのボディを形成する際のダビング材として活用される。

Wet fly／ウェットフライ
水面下で釣るようにデザインされたフライ。動き回る水生昆虫の幼生や小さな魚を表現する。

Whip finishing／ウィップ・フィニッシュ
フライタイイングの最終プロセスで、スレッドをヘッドに巻き留めて、仕上げるときのテクニック。

Wing case／ウイング・ケース
ニンフのボディ前方上部にあり、羽化の際にはここから羽が伸びてくる。フライで模す際には、フェザント・テールなどの天然素材、もしくはビニール系の人工素材で作る。

X-tie／X・タイ
ハックルをフック・シャンクに固定するためにスレッドをクロスがけする巻き方。ハックルを載せたフック・シャンクの上でスレッドを左から右へ、そして右から左へと交差させて、左右のバランスを保つ手法。

はじめに

　本書はこれからフライタイイングを始めるビギナーにとっては基礎的な教本となるでしょうし、ベテランにとっては最新の基礎スキルを学び直すための再履修教本となるでしょう。

　あらゆる物事が時代とともに変遷していくように、フライタイイングも進化をつづけています。30年前にフライタイイングを覚えた人が、1年しかタイイング経験のない人よりバランスの取れた美しい（多くの場合、魚にとって魅力的な）フライを巻くことができるかというと、そうでもないというのが実態だと思います（少なくとも多くのタイイング教室で教えてきている私の目にはそう見えます）。

　フライタイイングは1回覚えれば、それで修了するものではなく、常に進化していくものであることを多くのベテランは見過ごしています。ビギナーの頃からヘアーズ・イヤー・ニンフのダビングをうまく左右に張り出すことができないまま放置している人、パラシュート・ハックルが苦手な人、視認性の高い、浮かぶアントを巻くことができない人は、ここらでもう一度自分のタイイング・スキルを見直してみませんか？

　私と同世代のフライフィッシャーの多くは、フライタイイングを書物から学んできました。しかしながらビギナーだった私にとって、フライタイイングを文章や図版、もしくは写真からだけ学ぶのは難しく、しばしば途方に暮れたあげく、フライショップに足を運んで実演してもらったものです。ときに、「なーんだ、そんなことだったのか」と安心し、ときに「どうして、そんなことができるのか」と絶望しながらも、少しずつ上達していきました。本に掲載された画像は、それなりに熟練したフライタイヤーであれば十分理解可能なのですが、ビギナーにとっては見たこともない四次元世界を想像しろと言っているようなものだったのです。しかし、時代は変わりました。誰もが家にいながら、制作方法の詳細をインターネット経由で見ることができるのです。

　本書では簡単なテクニックを選んで紹介しているわけはありません。ビギナーを脱却した後で重要となる必須テクニックを中心に紹介していますが、それができるのも動画があってのことです。それぞれのフライのタイイング前に、まずは私が実演しているビデオを見てください。少しの忍耐と練習を重ねれば、じきに美しいフライが作れるようになります。

　本書は以下のような3部構成によって、誰にとってもわかりやすい教本となっていると自負しています。①各パターンに使用するすべての道具、材料、テクニックについてのガイダンスとインストラクションを記している。②ステップ・バイ・ステップの画像に、それぞれのテクニックとパターンを説明するテキストを添えている。③各パターンごとのQRコードをYouTubeチャンネルの動画にリンクさせている。

　動画は、本を使ってタイイングを始める前に、手順やテクニックのイメージを頭に入れるための理想的なメディアです。説明に従って、この本と動画を正しく使えば、自分でも気づかない間に、あなたが完璧なフライタイイングをマスターした中級者、あるいは30年間、正しく進化しつづけたベテランとなっていることを請け合います。

この本で使用するマテリアルのリスト

フック
- ドライフライ・フック(#12、14、16)
- ニンフ・フック(ロング・シャンク: #10、12)
- イマージャー・フック(#10、12)
- ストリーマー・フック(#6、10)

マテリアル
- スレッド(ブラック、グレー、レッド、ブラウン、タン、オリーブ)
- レッド・ワイヤー(ファイン)
- ヘアーズ・マスク
- ゴールド・オーバル・ティンセル
- フェザント・テール
- ヘッドセメント
- コパー・ワイヤー(ミディアム:フラットまたはラウンド)
- ワイヤー(ゴールド、シルバー、ブラック)
- ピーコック・アイ・フェザー
- ディア・ヘア(ナチュラル)
- スーパー・ファイン・ダビング(オリーブ、ブラック、グレー、ブルー・ダン)

- フラット・ブレイド(ゴールド)
- テープ・アイ(スモール:イエロー)
- スクイレル・ゾンカー・ストリップ
- ビーズ(ラージ:ブラス、スロットつき)
- ビーズ(スモール:シルバー、スロットつき)
- マラブー(オリーブ)
- クリスタル・フラッシュ(パール)
- シェニール(オリーブ、ブラック、フローセント・グリーン)
- ピーコック・ダビング(オリーブ)
- パラ・ポスト・ウイング(もしくはエアロドライウイング:ホワイト)
- CDCフェザー(ナチュラル)
- エルク・ヘア(ブリーチ)
- ポリ・ヤーン(ブラック)
- マラード・フランク・フェザー
- UVレジン

ハックル
- コック・ハックル(オリーブ、ブラック、グリズリー・ダイド・ブラウン、ゴールデン・バジャー、ブルー・ダン)

本書の使い方

　本書で紹介するフライパターンは、スキルの難易度順にリストアップされています。順を追って、一つ一つのテクニックを習得していくことによって、徐々にスキルがアップしていくように構成されているので、ビギナーの方は可能な限りページ順に学んでいってください。各パターンの冒頭には、動画視聴用のQRコードが記載されています。

　本書に掲載されている12のフライパターンは、タイイング・テクニックを学ぶためだけに選んだわけではなく、じつはよく釣れるフライです。現場で使うことのないフライを巻くためのスキルを会得しても意味がありませんから。

　この本の順番に従ってフライタイイングを学んでいくために、まずは必要なタイイング・ツールとマテリアルを買いそろえてください。（フライを巻く際に使用する羽や毛や人工素材、一切をひっくるめて「マテリアル」と呼びます）。

　本書では、まず最初にフックの種類、次にマテリアルの種類、最後にフライタイイングのためのツールを紹介し、その後で12種類のフライをタイイングする具体的な方法を説明します。

　マテリアルの項では、使用されているものを購入する際に何をチェックすべきかを、掘り下げて説明しています。フライタイイングのスキルは必ずしもタイイング技術だけではなく、マテリアルの品質を判断する能力も重要となるからです。

　主要なタイイング・ツールの使い方も動画にしてあるので、まずはQRコードを参考にして、実際に使っているところを視聴してみてください。

　12種類のフライパターンのタイイングを始める前に、必ず動画を見てください。まず、プロセス全体についてのイメージを持つことが重要だからです。そして本に戻り、ステップ・バイ・ステップのインストラクションに従ってタイイングを始めてください。写真とキャプションだけではわかりにくいところは動画を参照しながら、自分なりのスピードと自由なタイミングでタイイングしてください。

　1本タイイングして、それで満足してはいけません。少なくとも半ダースのフライをタイイングして、習得したスキルに納得してから次のパターンに進みましょう。最後のページを閉じたとき、あなたはすでにビギナーではなくなっているはずです。

フックの各部名称

全長／長さ

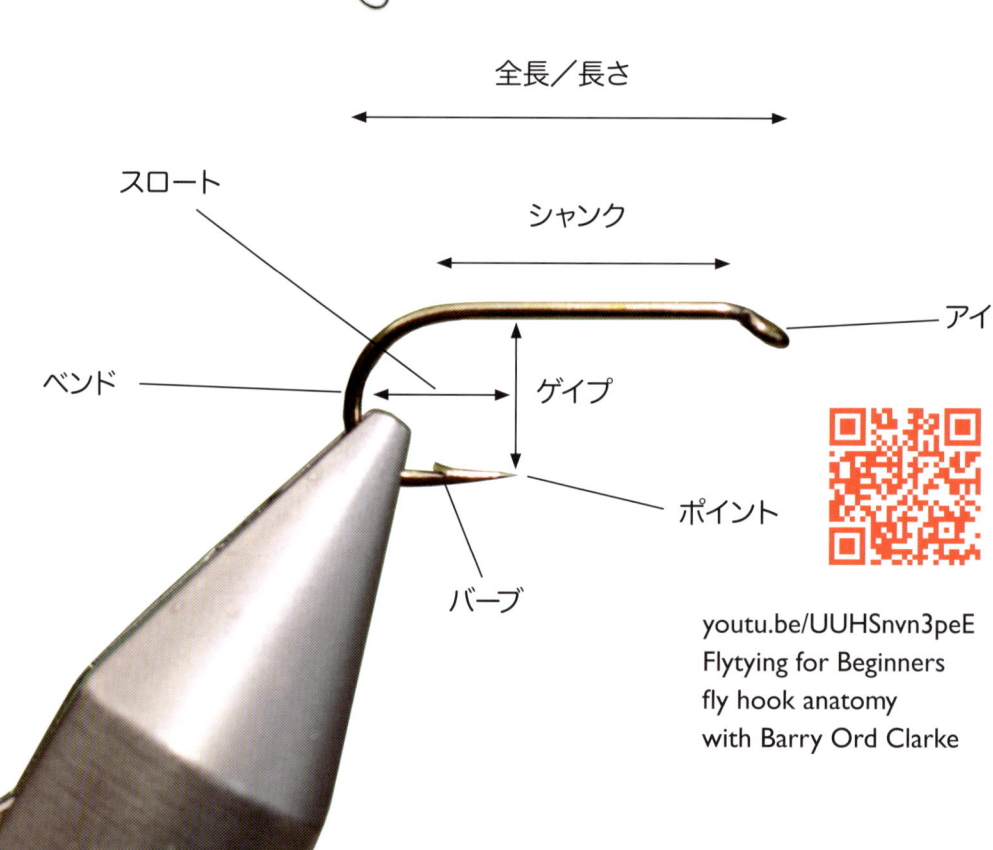

スロート

シャンク

アイ

ベンド

ゲイプ

ポイント

バーブ

youtu.be/UUHSnvn3peE
Flytying for Beginners
fly hook anatomy
with Barry Ord Clarke

フック

タイイングするフライに使用するフックの大きさ、形、重さは、①イミテートする昆虫や生物の体の大きさや形、②どういった姿勢で水面に浮かせるか、あるいは水中でどのように動かしたいか。以上の2点を考慮して選びます。

<ドライフライ・フック>

ドライフライは水面に浮かせる必要があるため、通常は標準から細径、あるいは極細 (XF=エクストラファイン) のフックを使用します。

<ウェットフライ・フックとニンフ・フック>

ウェットフライ・フック (右上) とニンフ・フック (右下) は水中に沈めて使用するため、重いフックが適しています。通常より太い直径のワイヤー (XH=エクストラ・ヘビー) が最適です。多くの水生昆虫の幼生は細長い形状をしているため、ニンフには全長が長いものが適しています。

<イマージャー・フックとグラブ・フック>

これらのフックはシャンクがカーブしています。イマージャー・フック (右上) は、水面にぶら下がっている状態をイミテートするようにデザインされていて、カーブしたシャンク後部が水中に沈み、アイ側だけを水面上に出すことができます。最も知られているイマージャー・パターンにクリンクハマーがあります。グラブ・フック (右下) はベンドにも角度がついていて、ポイントがより上を向いています。

<ストリーマー・フック>

大半のストリーマー・パターンは、ベイトフィッシュ (小魚) を模しています。沈めて使うために標準よりも太い直径 (XH=エクストラ・ヘビー) 、かつ長めのシャンク (3XL、4XL) が適しています。

<フック・サイズ問題>

フックのサイズは、ビギナーけではなくベテランのフライタイヤーにとっても頭痛の種です。というのも、フックにはフライラインの番手のように業界で決められた統一基準がないために、メーカーによってサイズがまちまちだからです。従って、使うフックのメーカーがちがうと、サイズが異なるフライができあがることになります。フックのサイズは実測値ではなく、「相対的なサイズ」というわけです。数字が大きいほどフックのサイズは小さくなり、数字が小さいほど大きくなります。自分の中にわかりやすい基準を作るために、常に同一メーカーのフックを使いたいところですが、メーカーによってデザインが異なり、使いたい形のフックがひいきのメーカーのラインアップに存在していないこともままあり、悩ましいわけです。

フライの各部名称

ニンフ
リブ
アブドメン／ボディ　ウイングケース
ヘッド
テール
レッグ
ソラックス

イマージャー
パラシュートポスト
パラシュート・ハックル
アブドメン／ボディ ————
ソラックス

ドライフライ
ウイング
カラー・ハックル
ヘッド
テール
アブドメン／ボディ

フライタイイング・マテリアル

　フライフィッシングは、外向きのアウトドアとしての時間と、内向きのインドア的な時間の両方で成り立っている、他に例のないスポーツです。スポーツマンには書斎派的なフライタイイングを敬遠する傾向が強く、フライフィッシャーの中には自分ではタイイングを一切せずに、フライショップで買って済ませるという人も少なくありません。正直なところ私の気持ちの中には、そういったスポーツマン・タイプのフライフィッシャーはフライフィッシングの半分しか楽しめていない、と言いたいところがあることは否定しませんが、フライタイイングをしないという人たちの言い分もわからないではありません。

　じっさい、フライショップの店内を埋め尽くさんばかりのマテリアルを見ていると、自分でフライをタイイングしたいという気力が湧いてくる方がおかしいようにも思えてきます。しかし思い出してください。人類には、石器から始めてついには月面に立つことさえできた、優れた工作能力があるのです。順番さえまちがえなければ、必ずあなたも美しく実用的なフライを完成させることができます。しかも数万年ではなく、1年足らずで！

　フライタイイングを始めようとする人は100％全員、まずはフライの種類の多さに戸惑うでしょうし、ベテランの皆さんは、その多さにうんざりしている（楽しんでいる）ことでしょう。まずはビギナーの皆さん、安心してください。あなたもいつかはうんざりするようになれます（笑）！　これから紹介するマテリアルは、それぞれの特性を踏まえた上で、この本に登場するフライに適したものを厳選しています。フライタイイングが上達するにつれて、使用する機会が増えていくマテリアルもあります。ベテランの皆さんは、新たに買い求めるものは少ないと思います。

　フライタイヤーとして、使用するマテリアルを理解することは、良いフライを制作する確率を高め、かつタイイングをより楽しいものにします。タイイングを始めれば、上質なマテリアルを使うことがいかにフライを巻きやすくするかが、すぐにわかるはずです。ベテランが良質なマテリアルを血眼になって探し求めるのは、きれいに、そして何よりも楽にタイイングできるからです。どんなに見た目が似ていても、同じ天然素材は二つとありません。羽や毛は、鳥や動物から採取されるもので、それぞれの個体のライフスタイル、地理的条件、食生活、捕られた時期などが、特性や品質に大きく影響します。

　ビギナーに限らず、ベテランであっても、マテリアルを購入する際にありがちなミスは、ショップの棚に吊るされているパッケージを前の方から取ってしまうことです。たとえばショップの壁に8枚のハックル・ケープが吊り下げられていたとすれば、必ず1位から8位までの品質の順位づけができます。ハックルの大きさ、色、模様、光沢、形状などからベストなものを選ぶ目を持たなければなりません。一方で、人工素材、いわゆるシンセティック・マテリアルには、品質の差はほぼないと言っていいでしょう。メーカーによって、マテリアルのネーミングがちがうので、そのあたりはショップで聞くといいでしょう。

CDC

CDCとはフランス語の「Cul de Canard」の略で、カモのお尻周辺の羽毛です。羽づくろい用の油を分泌する腺の周りに生えているために、撥水性が高く、かつ細やかな微毛に覆われていて、水が根元側に入りにくい構造をしています。水面上に良く浮くため、ドライフライのマテリアルとして珍重されています。また、小さなバーブ (微毛) に入り込んでいる空気が水中でバブル状に光って、水底から浮上するイマージャーを演出します。さらに、CDCはキャスト中の空力特性も申し分ないために、キャスティングも容易です。ナチュラルカラーと多くのダイド (染色) カラーがあります (私は無染色のナチュラルのファンです)。

シェニール

シェニール (フランス語で毛虫の意味) は、試験管ブラシをすべて繊維で作ったようなひも状のマテリアルです。かつてシェニールは天然繊維を編み込んで1本のひもにしていましたが、現代のシェニールの大半は接着剤をコーティングした1本のひも芯に人工繊維を接着させたものです。スエード・シェニール、ウルトラ・シェニール、ヴェルニールといった商品名で販売されていて、マイクロからジャンボまでさまざまな直径とカラーがあります。

ディア・ヘア

ディア・ヘアは汎用性が高く、入手もしやすく、世界中のフライタイヤーから重宝されている超定番マテリアルです。ディア・ヘアはしばしば「中空」だから浮力があると説明されますが、じっさいにはストローのような中空ではなく、毛の1本1本の内部がハチの巣状の小さなエアポケットとなっています。ディア・ヘアの中でも、ことに冬毛は直径が太いために、フライに抜群の浮力を与えてくれます。フライショップで売られているディア・ヘアは、ディア、エルク、ムースなど17の亜種を含む幅広い種から採取され、そのそれぞれに特徴と適した用途があります。良質なディア・ヘアには、指でつまむとぶ厚いスポンジのような感触があり、表面にはオイルやロウでコーティングされたような光沢感があります。ディア・ヘアを購入する際は、毛がまっすぐで毛先が均一なものを選びましょう。ショップで販売されているディア・ヘアにはさまざまなナチュラルカラーとダイドカラー、そしてブリーチ (脱色) されたものがありますが、主に1本1本の毛の太さによって、三つのカテゴリーに分類されています。

<ファイン> ドライフライに向いていて、あまりフレアしません。ダウンウイング・パターン、ドライフライのテール、ウイング、パラシュート・ポストに最適です。

<ミディアム> カディスやコンパラダン・パターン、エクステンデッド・ボディ、スピナー・パターンやクリップル・パターンに使用します。

<コース> 90度程度大きくフレアし、ヘア・バグやプレデター・パターンなどのクリッピング・ボディ (フレアしたヘアを刈りそろえて作る) が必要な、大きなフライに使用されます。ダイドカラーも多彩です。

ハックル

ベテランのフライタイヤー100人に、「あなたにとって、最も重要なマテリアルは何ですか?」と聞いたとします。80人はハックルと答えるでしょう。残りの20人はフライフィッシャーらしい、へそ曲がりかあまのじゃくのどちらかにちがいありません。それほどにハックルはフライタイイングの中核をなしているマテリアルなのです。良質なものは高価ですが、これは今に始まったことではありません。ハックルに限らず、良質なマテリアルは昔から高価なものですが、投資する価値はあります。フライタイイング用のマテリアルはあまたあっても、ハックルとなると目の色を変えるのがフライタイヤーというもので、ことに品質の良いドライフライ用のケープは、フライタイヤーにとって貴重な宝物となります。独特のカラーや模様を持った特別なケープを手に入れて有頂天になっている友人を私は何人も見てきました。良質なコック／ルースター (どちらもオンドリの意)・ケープの希少な色や小型のドライフライをタイイングできるバーブが短いハックルを持つものは、時代を超えて珍重されてきましたが、近年は以前よりもはるかに品質の高いものが市場に出回るようになっています。ドライフライやストリーマーのウイング、テール、クイル・ボディ、パーマー、パラシュート、パラループ、トラディショナルなカラー・ハックルなど、ハックルにはじつに多くの用途がありますが、チェックするべき重要なポイントは以下のとおりです。

<色> 最良のケープは、伝統的な羽色のいずれかに適合した均一な色をしています。しかし、ケープの色が均一性に欠けていたり、「何の変哲もない」色であるからといって、フライタイイングに支障をきたすかというと、決してそんなことはありません。そういったハックルの多くは安価ですし、そのままでも、染色しても使用することもできます。

<コンディション> 健康で丈夫な鳥は、コンディションの良い羽を持っています。ホワイティング農場のオーナーであるトム・ホワイティング博士は、繁殖用の鳥を選ぶ際は、色や品質だけでなく、鳥の性格も考慮すると言っています。健康状態が悪いと、羽の質も落ちていきますが、好戦的なオスと穏やかな性格をしたオスの間にも羽の質に明確なちがいがあるそうです。フライショップで私たちが目にするのは、もちろん生きているニワトリではなく、ネックやサドル部分のパッチだけですが、良質のものと低品質のものを見分けるために、まずはハックルの先端部分がピンと張っているかどうかを確認してください。途中で折れていたり、丸まってしまっているハックルは買ってはいけません。また健康でコンディションの良かった鳥のケープは「輝いて」いるように見え、個々の羽が整っていて、指で押すと弾力を感じることもできます。

<羽 (ハックル) の数> 一つのケープに利用可能な羽毛がたくさんあることが望ましいのは、経済性から考えて当然のことです。羽の密度は、指で厚みを感じてみたり、ケープを曲げることで判断できます。ケープを曲げると羽が扇状に広がり、皮の部分から立ち上がっていくので、羽が密集しているか、スカスカなのかを確認できます。スカスカで羽の本数が少ないケープには良いものが少なく、最高級のケープは羽の数が多いものです。

<ハックルの長さ> バーブが短いハックルは極小のドライフライには必須ですが、バーブが長いものよりも高価です。しかしながら高価だからいいというものでもなく、大きめのフライパターンをタイイングする際には無用の長物と化します。その希少性から、伝統的にバーブが短いハックルケープはグレードが高いとされ、バーブが長いケープのグレードは低く安価です。

　しかしながら、現実的にはバーブが短く高価なハックル・ケープはあくまでも小さなフライ用で、#22-28をタイイングする際にのみ使用します。従って#10-16といった中くらいの大きさのフライをタイイングするのであれば、「グレードが低い」とされるケープを購入してください。羽の本数と同様に、品質の良いコック・ハックルはバーブの数が多いために、密なフライをタイイングすることができます。この部分は「スイートスポット」と呼ばれ、ハックルのストーク (軸) の両側のバーブの長さが均一であるものが理想です。またストークは柔らかいほど扱いやすく、固くて太いものは扱いにくいので避けたいところです。

最高品質のハックルを定義するとすれば、
①長いスイートスポットを持ち
②ストークに沿ったバーブ密度が高く
③ストークが太過ぎず、細すぎない
④柔軟なもの
ということになります。

クリスタル・フラッシュ

クリスタル・フラッシュは極細のマイラーがねじられたもので、見る角度によって反射する面が変化します。数本をウイングに加えることによって、ウイング・マテリアルにきらめきを与えて、魚の注意を引くことができます。またベイトフィッシュ用の大きなフライでは、魚のウロコのようなスパークリング効果を生み出せます。パール光沢仕上げとメタリック仕上げの両方があり、さまざまなカラーの組み合わせが可能です。

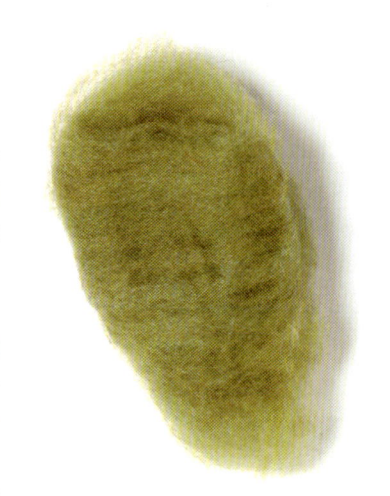

ダビング材

ダビング材は、さまざまな動物の毛、もしくは合成繊維、あるいはそのミックスで作られています。多くのフライパターンがダビング材を利用してボディ部分を形成しています。使い方は各フライの項で詳しく述べますが、基本的にはスレッドに少量ずつより込んで（ダビングして）、より糸のようにした状態で（ダビング・ヌードルとも言う）フック・シャンクに巻いていきます。ビーバーやマスクラットのようなダビング材は天然の撥水性オイルを含んでいて、フライをより長く浮かせることができるため、ドライフライのボディとして利用されてきました。またニンフには、ラビットやフォックスなどの毛が使われてきました。現在では、さまざまな色のテクスチャー、透光性、反射性などを備えた合成繊維が市場に流通しています。特定のカラーや光沢感を演出するために、天然素材と人工素材をブレンドする手法も、今ではかなり一般的なものとなりました。

ヘアーズ・マスク

ヘアー（野ウサギ）のマスク（顔）部で、ナチュラルカラーはタンからグレーまでさまざまな色合いがあり、ダイド（染色）カラーもたくさんあります。毛の質感や長さもマスクの部分によって異なります。細く柔らかいアンダーファーから、硬いガードヘアまでさまざまで、中でもイヤー（耳）はヘアーズ・イヤー・ニンフという名のフライがあるくらい、ニンフ制作時の定番マテリアルです。ヘアーズ・イヤーは短く硬い毛で覆われており、アンダーファーはほとんどありません。イヤーとマスクの毛を混ぜ合わせたダビング材は、何百ものフライパターンに使われていて、とても重要なマテリアルです。

ヘアーズ・イヤー・ダビング材の作り方 1

　　youtu.be/Mxb7IGeEICs

　　Hare's ear dubbing prep part 1

ヘアーズ・イヤー・ダビング材の作り方 2

　　youtu.be/tTnpalhG7Gk

　　Hare's ear dubbing prep part2

マラード・フランク・フェザー

マガモの脇腹の羽。一般的にS、M、Lの3サイズで販売されています。染色されており、入手困難なウッドダックの代用品として最適です。ドライフライでもストリーマーでも、テールからウイングまで、さまざまなフライパターンに使うことができます。購入の際は、選別されていないハックルが混ざっているパックは避けた方が無難です（量は多くても、じっさいに使用できるものが少ない）。

マラブー

人の鼻息程度でゆらゆらと揺れるこの羽は、もともとアフリカに生息しているマラブーが由来ですが、近年は厳しく保護されているため、現在ではターキー（七面鳥）のフトモモ部分が代用品となっています。ターキー・マラブーは水流でゆらゆらと揺れ、生き生きとしたアクションを生み出すため、ヤゴ、イトトンボ、リーチ（ヒル）などを模した、リトリーブで動きを与えるフライに使われます。染色されたあらゆる色の羽が販売されています。

パラ・ポスト／エアロドライウイング

パラ・ポストとエアロドライウイング（メーカーによって素材と呼称がちがう）はパラシュート・パターンのフライでポスト材としてハックルを巻きつけ、水面上でインジケーターとなる撥水合成繊維です。たくさんのカラー・バリエーションがあります。

ビーズ

フライタイイング用のビーズにはブラス、スチール、タングステン、プラスチック、ガラスなど、たくさんの素材のものがあります。フック・ポイントをビーズの穴に通し、アイのすぐ後ろで固定するのが一般的な使い方です。ただし、使用するフックの形状とサイズに対してビーズの直径が大きすぎたり、穴が小さすぎると、アイの後ろまでビーズが入っていかないので注意してください。ビーズの形状にはいくつかの種類がありますが、一般的なものは次の二つです①スロットつき：ビーズの片側に丸い穴、反対側には穴の下部にオープンスロット（切りかけ）がついています。大半のフックに適合するので、ビギナーにはお勧めです。②カウンター・サンク：片側に小さな穴、反対側には皿状に削られたやや大きめの穴が開いています。使用できるフックが限られますが、スロットビーズより安価です。

ピーコック・ハール

クジャク（オス）には目のようなアイ・テール・フェザーがあり、その1本1本をピーコック・ハールと呼びます。フライタイイングで最も使用頻度の高いマテリアルの一つです。メタリック・グリーンの短いファイバーが放つ妖しい光沢が魚を誘うらしく、ボディ、ソラックス、ヘッド、ウイング・ケースなど、ドライフライからストリーマーまで、あらゆる部位に使用されます。さらには、その光沢のあるファイバーをむしり取ったものをストリップド・ピーコック・ハールと呼び、細身のドライフライをタイイングする際のボディ・マテリアルとして使用します。アイのすぐ下にあるハールが最も強度があって使い勝手が良いので、可能な限りこの部分を使用するようにしましょう。

フェザント・テール

キジの尾。フライタイイング用によく使われるのがリング・ネック種のものです。中でも高品質のものはコック・フェザントのセンター・テール・フェザー（オスの尾部の中央に生えている尾羽）で、ファイバーが長く、かつシェブロン（棒状の模様）がはっきりとしています。フェザント・テールの用途はテール、ボディ、ウイング、レッグなど多岐にわたっています。購入するときは、ショップですべての尾羽を見て、最も長いファイバーで最も鮮やかな模様のものを選択しましょう。

ポリ・ヤーン

滑らかな質感の合成糸で、多くの色があります。ポリプロピレン・ヤーンは、ウイング、パラシュート・ポスト、シャック（脱皮後の抜け殻）、ウイング・ケースなどのドライフライ・タイイングに特に適しています。シリコン・コーティングされたポリ・ヤーンは、標準的なものよりもさらに撥水性に優れています。

スクイレル・ゾンカー・ストリップ

世界には267種のリスが生息しており、フライタイイングで使用されるのは、グレイ、レッド、パイン、フォックスの4種です。リスのしっぽはサーモンやシートラウトのパターンに使われ、胴体の毛はゾンカー・ストリップやダビング材となります。染色してダビング材としてブレンドすることで、さらに使い勝手が良くなります。

（タイイング）スレッド

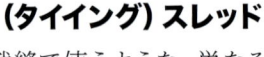

裁縫で使うような、単なる糸です。さまざまな種類のスレッドが販売されていて、太さ、伸縮性、ワックスの有無、素材や色など、タイイングするフライに最適なものを選ぶ必要があります。特殊なパターンを除いて、巻き始めから巻き終わりまでが、1本の糸だけでタイイングするのが通例です。この本に掲載されているフライは、すべてゴードン・グリフィス社のシアー14/0という、ワックスが塗られた、細くて非常に丈夫なスレッドで巻かれています。

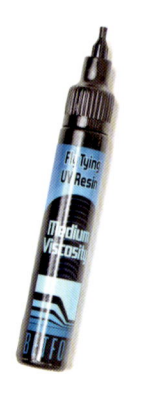

UVレジン

UVレジンは光で活性化するアクリル性の硬化剤で、UVライトとペアで使用します。UVレジンの最大の利点は、エポキシとちがって乾燥に時間がかからないことです。主にボディ、ヘッド、ウイング・ケースのコーティングに使用します。サラサラしたものから、ドロドロしたものまで粘度にバリエーションがあり、レッド、ブラック、蛍光色も販売されていますが、ひとまず色はクリアで、スタンダードな粘度のものさえあれば、大半のフライはタイイングできます。

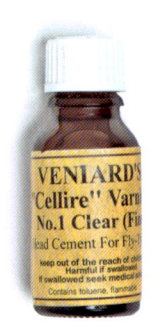

ヘッドセメント

タイイングの最終プロセスで使用します。スレッドが巻き留められたヘッド部分に数滴垂らし、フライがばらけてしまうことを防ぐための硬化剤です。種類に気を遣わないベテランも少なくありませんが、スレッドの繊維内部まで浸透する薄いヘッドセメントをお勧めします。フライのヘッドをガラスのような滑らかな仕上がりにしたい場合は乾いた後に何度か塗り重ねます。

ワイヤー＆ティンセル

太さ、色、重さ、素材など、ほとんど無数の種類の中から、タイイングするパターンに最適なものを選ぶ必要がありますが、比較的安価なので、ビギナーの方も心配は無用です。ボディの周囲に巻きつけて、リブとして使うケースが多いのですが、太いボディに細いワイヤーを巻くと食い込んで見えなくなりますし、細いボディに太いワイヤーを巻くと、ワイヤーの方が目立ってしまいます。バランスを考えて太さや色を選んでください。

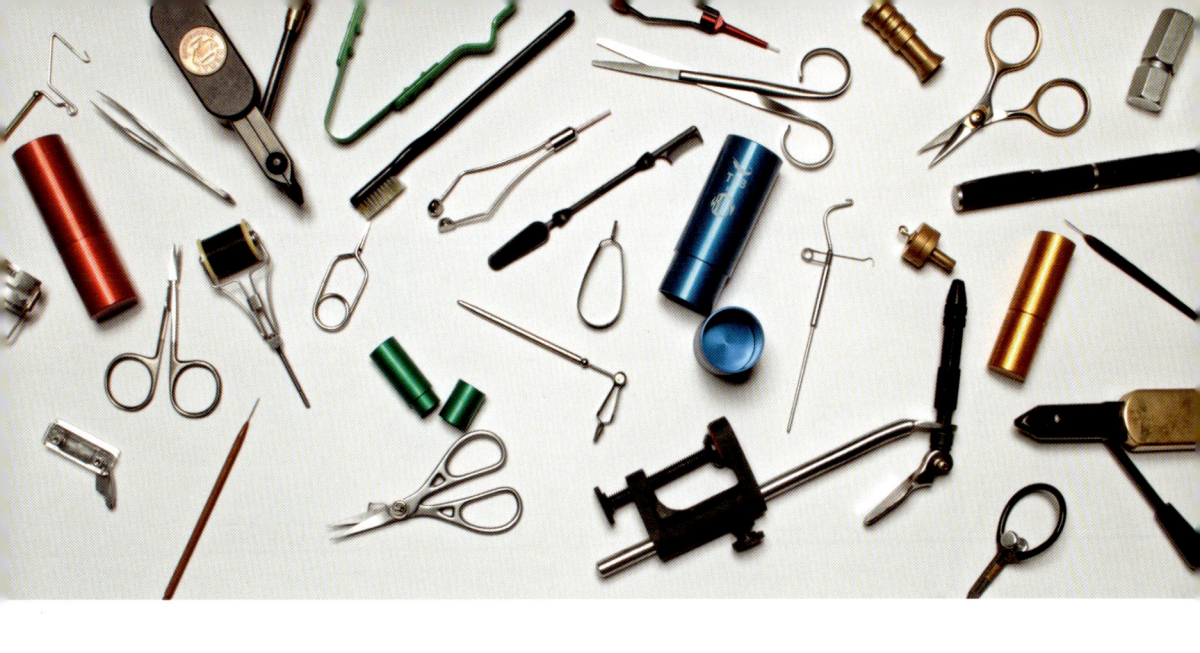

タイングに欠かせない道具

　ビギナー、ベテランにかかわらず、今この本を読んでいるということは、すでにフライタイイング・ツールを手に入れている可能性が高いと思われます。今どきのタイイング・ツールに劣悪なものは珍しいので、まずは手持ちのツールを使い、この本を参考にしてタイイングを継続してみることをお勧めします。

　一般的に言って、道具やマテリアルに関しては、投資と価値は比例していますが、タイイングの経験を重ねていくと、おのずと自分の使用しているツールの品質が判定できるようになるもので、アップグレードするのはそこからでも遅くありません。ベテランの皆さんは、これを機に道具のアップグレードを図ると、きっとタイイングに対するモチベーションが上がって、さらに美しいフライを巻くことができるようになります。

　最近では、何を買うにもネット通販で事足ります。フライタイイングのツールにしても、おそらくはネット通販で購入する人が多いのではないでしょうか。ただ、昔も今も経験者の知恵というのは貴重なもので、ことにフライタイイングのように、すべてのヒントが細部に宿っているようなジャンルに関しては、やはりベテランやプロに耳を傾けた方が賢明です。経験や知識が豊富なスタッフがいるフライショップが近くにあるなら、迷わずその店に行って、話を聞いてから購入することを強くお勧めします。フライタイイングを進めていくに従って、マテリアルの品質がどれだけ重要かがわかってきますが、自分の目で現物を確認できるという点でも、ショップには通販にはない大きな優位性があります。

　ここでは釣れるだけでなく、美しいフライを巻くことのできるテクニックとスキルをマスターするために必要な道具を紹介します。

バイス

タイング・ツールの中で、最も高価な
アイテムです。タイングするフライの
種類、使用するフックのサイズなどを
考慮する必要があります。トラウト用の
極小フライから海で使う大きなフライ
まで、すべてをカバーする優れたバイス
もありますが、高性能、高機能になれ
ばなるほど価格は上がっていきます。
低価格モデルでは、高さやジョーの角
度のみが調節可能となっているものが
多く、価格が上がるとジョーの角度が
自在に変えられるロータリー方式
になっていきます。
　ロータリー方式もメー
カーによってさまざまで、
使い手の好みが分かれる
ところです。
タイングのスタイルや用
途に合ったバイスを購入
するには、デザインや価
格帯の品ぞろえが豊富
なフライショップを訪れる
のが一番です。ショップ
で各モデルやメーカーご
との長所と短所を教えてもらい、実際
に試してみましょう。

シザース（ハサミ）

フライタイイングに必要なすべ
てのカッティング作業を、1本の
ハサミに期待するのはやや無理
があります。たとえば、マテリア
ルの項で紹介した、スレッドを
カットすることだけに絞っても、
じつは2本あった方が便利で
す。というのは、同じ合成繊維と
いっても、一般的なナイロン・ス
レッドと、最近人気のGSPスレ
ッド（ダイニーマ）では、まったく
素材の性格がちがいます。GSP
スレッドは、重量比で言えば、
鉄よりも強いのです。従ってナイ
ロン・スレッドや羽をカットする
ために、鋭く、短く、先が細いも
のを1本、GSP、ティンセル、ワ
イヤーなど硬いものカットするた
めにもう1本。そしてディア・ヘ
アなどの獣毛のカット用に、ノコ
ギリ状の刃のついたものをもう
1本、合計3本を持っておくと便
利です。

ボビン・ホルダー

スレッドのテンションを保持しつつ、送り出すためのツールです。質の悪いボビン・ホルダーはスレッドのテンションを保つことができないため、フライと指先の間でたるんでしまい、使い物になりません。先端のパイプの材質にはアルミやセラミックがあり、商品によってかなりの価格差がありますが、良質のセラミック製ボビン・ホルダーに投資する価値はあります。

ベテランも忘れがちなのが、ボビン・ホルダーのワイヤー・アームのテンション調整で、スレッドを簡単に引き出せる程度に軽く、スレッドが緩むことなく自重で吊り下げられる程度にタイトな状態に調整する必要があります。

ボビン・ホルダーのテンションの調整方法は超アナログです。テンションを弱くするには2本のワイヤーアームを外側に引っ張り、強めるにはその逆に、2本を近づけたり、それでも足りなければクロスさせたりするだけです。

ハックル・プライヤー

長いサドル・ハックルであればティップ（先端）を指先でつまみながらタイイングできますが、短いコック・ハックルやミッジ用の小さなハックルはハックル・プライヤーを使ってタイイングします。ハックル・プライヤーにはロータリー式のものと固定式のもの、持ち手が長いものや短いものなど、メーカーがアイディアを競った結果、相当数の種類が販売されています。

細長いロータリー式は巻いたときにハックルがねじれない長所があり、短い固定式のものは、テンションの具合が指先にダイレクトに伝わる強みがあります。

どのモデルを選ぶにしても、プライヤーのジョーが細いハックル・ポイントをしっかりとグリップできることが最重要です。そのためのちょっとした私の改造方法を以下の動画で紹介しています。

youtu.be/nFHfAkiOvXU
Flytying for Beginners
improving your
hackle pliers with Bar-
ry Ord Clarke

ダビング・ニードル

フライタイイングで最もシンプルなツールの一つで、最も便利な道具の一つとも言えます。完成したフライにヘッドセメントを塗ったり、ダビング材を引っ張り出したり、ハックルのバーブを分けたり、タイイング中に何かと手にするツールなのです。ダビング・ニードルは持ち手部分が長く、逆にニードル部分が細くて短い（4〜5cm）ものを選んでください、ニードル部分が長いものでは正確な作業ができません。

フライタイイング中の作業スペースはあっという間に雑然となってしまい、フライを巻いている時間よりもダビング・ニードルを探す時間のほうが長くなるなんてことが起こりがちです。数本のダビング・ニードルを発泡スチロールに立てておくようにしましょう。

また、ダビング・ニードルの先端は、エポキシやヘッドセメントですぐに固まってしまいます。ワイヤーウールを詰め込んだフイルムケースを作って、ふたの真ん中にニードルで穴を開け、そこからニードルを数回出し入れさせれば、先端をきれいにできます。

ダビング・スピナー

２本のスレッドをより合わせてダビング材を巻き込んでブラシ状のダビング（ダビング・ブラシ）を作り、ボディを巻くためのツールです。写真の上部に見えるフックにスレッドを引っかけ、下部に伸びている軸をコマを回すように指で回転させると、中央部のウェイトが遠心力で高速回転し、ダビング・ブラシができあがります。写真だけではイメージが湧かないと思うので、動画を確認してみてください。

youtu.be/_rB3pOEJFhc
Flytying for Beginners using a dubbing spinner with Barry Ord Clarke

ヘア・スタッカー

ディア・ヘアやスクイレル・ヘアをパッチからカットして切り離したままでは、1本1本の毛先はバラバラでそろっていません。テールやウイングをタイイングするとき、すべての毛先がそろっていなければ、バランスの取れたフライにはならないのです。そこで必要となるのが、毛先をまとめてそろえるためのヘア・スタッカーです。

上の写真は大小２種類のヘア・スタッカーですが、それぞれがオスメス二つのパーツでできています。カットした数十本のヘアを、毛先を下にして上部の穴へ入れ、その状態でヘア・スタッカーの下部を机などにトントントンと4、5回打ちつけます。こうすることでオスのチューブの中で毛先がそろい、メス部を引き抜くと、毛先がそろったヘアが出てきます。

youtu.be/lxKdTzfdiPY
Flytying for Beginners using hair stackers with Barry Ord Clarke

ヘア・コームと歯ブラシ

ディア・ヘアを使ったフライをタイイングする際に不可欠な道具です。私は４０年近く、この作業に使い古しの自分の歯ブラシを使ってきました。

ディア・ヘアの根元には、シカが寒さから身を守るための大量のアンダーファーが生えています。前述のヘア・スタッカーは、毛先はそろえることができても、アンダーファーを取り除くことはできません。そこで歯ブラシの出番となるわけです。

さらに作業を丁寧にする必要がある場合は、コームで髪をすくように、ディア・ヘアをすいて、アンダーファーを除去してください。

UVライト

ＵＶレジンを硬化させるためのライトです。アウトドア用のヘッドライトのように、出力の高低で価格が変わり、硬化速度も変化します。充電式と電池式がありますが、どちらでも大丈夫です。
硬化に時間がかかる、あるいは、どんなに照射時間を長くしてもレジンに粘着度が残ってしまう場合、まずは電池をチックしてください。

ウィップ・フィニッシャー

タイイングの最後にスレッドをフック・アイ部分で巻き留めるための道具です。親指と人差し指を使っても同じ作業ができますが、ウィップ・フィニッシャーを使えば、スレッドの1回転ごとに正確な位置決めができるようになります。美しく完璧なヘッドを作りたければ、このツールを使った方がいいし、ビギナーは指でおこなうよりも簡単です。使用方法を写真と文章で説明するのは至難なので、次のビデオを見てください。

youtu.be/RLaKGGapua4
Flytying for Beginners using a whip
finisher with Barry Ord Clarke

本書で学ぶタイイングの
基本プロセス

　本書では、タイイングに必要なテクニックを順を追って練習していきます。12種類のフライパターンをタイイングすることにより、以下の九つのテクニックをマスターできるようになります。といっても、1から3、そして9はテクニックと呼ぶほどのものではありませんし、8も方法を覚えるだけのことです。なので、練習の大半の時間は残りの4、5、6、7の四つに割かれることになります。フライタイイングは頭で覚えるものではなく、指先で覚えるものです。そのうち必ず鼻歌交じりでできるようになります。

1. フックをバイスにセットする

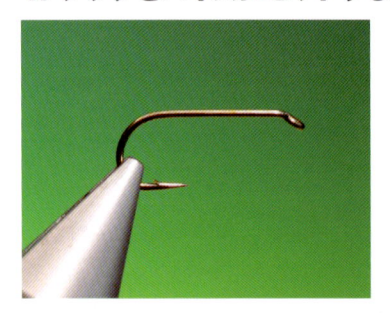

　まずはバイスをデスクかテーブルの上に置き（クランプ型であれば、机の天板にしっかりと固定して）、快適にタイイングできる高さにイスを調整してください。タイイング中にバイスが動いてしまうようであれば、（使用後に剥がすことのできる）両面テープなどで固定してください。使用中に動いてしまうバイスでは美しいフライは巻けません。次に、写真のようにフック・ベンドをバイスのジョーにセットします。フック・サイズによって、ジョーのテンションを調整する必要があるかもしれません。フックの位置が正しく決まったら、カムレバー、もしくはスクリューで固定します。

2. スレッドを取りつける

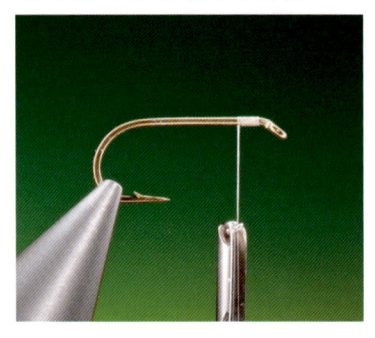

　右利きであれば右手にボビン・ホルダーを、左手にスレッドの先端を持ち、テンションをかけたスレッドをフック・アイのすぐ後ろに押しつけます。そしてボビン側のスレッドを（アイ側から見て時計回りに）フック・シャンクに巻きつけながら、左手側のスレッドをフック・シャンクに固定していきます。左の写真は、すでに左手側の余ったスレッドをカットしてしまった状態です。一度巻いた部分にスレッドを重ねて巻くと凹凸ができてしまうので、スレッドを固定するための最初の1、2巻き以降は極力重ねないように、注意して巻きましょう。
動画リンクのQRコード:スレッド・コントロールのQRコード(p27)を参考にしてください。

3. ボビン・ホルダーのテンションを調節する

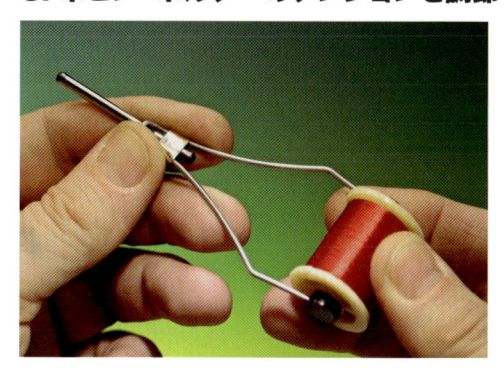

過去27年間、私は何百回ものフライタイイング教室を開催してきました。たとえそれがビギナーコースでなくても、ボビン・ホルダーのテンションが強すぎてフックが曲がってしまったり、数回巻くたびにスレッドが切れてしまったり、あるいはテンションが緩すぎて、ボビンがテーブルや床に落ちてしまう参加者たちの姿を数多く目にしてきました。決して難しいことではないのに、調整を忘れているだけなのです。必要なのは、引っ張ったときに少し抵抗がある程度の張力です。ディア・ヘアを巻き留めるときなど、やや強めのテンションが必要な場合は、手のひらをブレーキとして使うこともできます。

youtu.be/EwVo8uu3PEg
Flytying for Beginners setting bobbin tension
with Barry Ord Clarke

4. スレッドをコントロールする

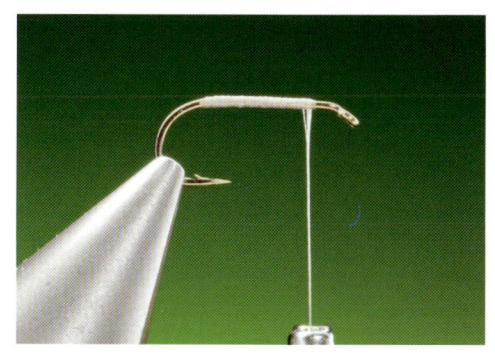

スレッド・コントロールはフライタイイングで見落とされがちな、重要なスキルの一つです。これをしっかりマスターすれば、ほとんどすべてのフライをタイイングできるようになります。ビギナーは加減がわからないためにやや力みがちで、スレッドが切れてしまうことが少なくありません。まずは試しに、スレッドをフックに取りつけ、フック・シャンクに巻きつけながら徐々にテンションをかけ、どのくらいの力で切れてしまうかを確認してみてください。またボビンを反時計方向に回転させることにより、よられているスレッドがばらけてフラットになります。ラウンド状のスレッドをフラット状に変えることで、スピナー・パターンなどの細く繊細なボディの下地を作ることができます。さらにはダビング・ループを作るためにスレッドをスプリットする方法など、さまざまなテクニックがあるので、以下の動画を見て練習してください。

youtu.be/0HmdSDxXC5I
Flytying for Beginners attaching thread
& thread control with Barry Ord Clarke

5. ダビングする

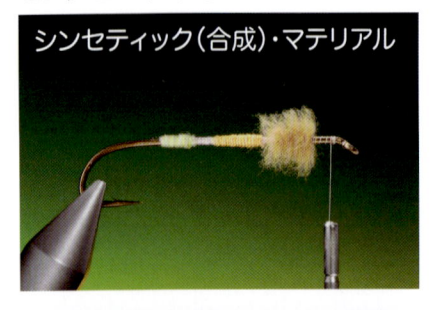

シンセティック（合成）・マテリアル

ナチュラル・マテリアル

ダビング材をスレッドに巻きつけるには無数の方法があるので、一般的な二つのテクニックをビデオにまとめました。以下の動画を参考に練習してください。ビギナーに限らず、ダビングのプロセスで最もありがちなまちがいは、ダビング材の量が多すぎることです。非経済的なだけではなく、ドライフライは浮きにくくなりますし、ストリーマーは動きが悪くなります。

youtu.be/rGlwgBoCVDk
Flytying for Beginners three simple dubbing techniques with Barry Ord Clarke

youtu.be/wOkZQJGtcWY
Flytying for Beginners dubbing techniques with fur & hair with Barry Ord Clarke

6. ハックルを巻く

カラー・ハックル

パラシュート・ハックル

ここではドライフライをハックリング（ハックルを巻くこと）する二つのテクニックを習得しましょう（パーマー・ハックルはp100-101を参照）。何よりも、良質のハックルを使うことが成功の鍵です。ハックルやサドルのケープは、非フライフィッシャーの消費者感覚からすればきわめて高価ですが、サイズや色の異なる数本のハックルを厳選した小さなパックで購入することもできます。

youtu.be/tllwhx9a8ZQ
Tying a traditional dry fly hackle with Barry Ord Clarke

youtu.be/jukEKgwNZyk
Tying the parachute perfect hackle with Barry Ord Clarke

7. ウイングを取りつける

ドライフライ用のウイングを取りつけるためのテクニックはたくさんありますが、本書では最も重要な以下の四つのテクニックをマスターします。

①CDCウイング (p38)

②フェザー・ウイング (p62)

③エルク・ヘア・ウイング (p101、左写真)

④スプリット・ヘア・ウイング (p116)

8. ウィップ・フィニッシュをする

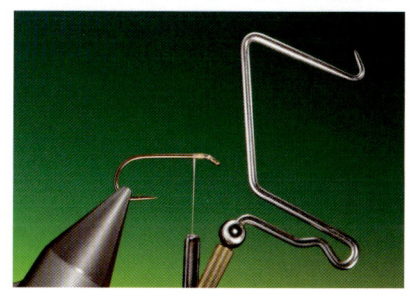

フック・アイのすぐ後ろでスレッドを結び留めることをウィップ・フィニッシュと言い、ノットを二つ作ってからスレッドをカットします。指だけでもできますが、スレッドの細い繊維はささくれや荒れた指先に引っかかりがちなので、専用ツールのウィップ・フィニッシャーを使いましょう。

youtu.be/RLaKGGapua4
Flytying for Beginners using a whip
finisher with Barry Ord Clarke

9. ヘッドセメントで仕上げる

タイイングの最後のプロセスは、ダビング・ニードルの先端につけたヘッドセメントを、ウィップ・フィニッシュしたヘッド部分に1滴垂らすことです。これでスレッドがほつれなくなります。最近では、多くのタイヤーが光沢のある完璧なヘッドを作ろうとする傾向がありますが、それはあくまでも見栄えを考えてのことなので、最初はそこまでこだわることはありません。とってもシンプルな作業なのですが、意外にも苦手な人がいて、塗ってはいけないヘッド後部のハックルやレッグに、ヘッドセメントのついたダビング・ニードルで触れてしまい、せっかく丁寧に巻いたフライを台なしにしてしまいます。原因はダビング・ニードルを片手で持っているからです。左手をバイスに添えて、左手の親指でニードルを持っている右手を支えてください。これだけでニードルの先がピタリと止まります。4〜5cmの先の短いダビング・ニードルを使うことをお勧めします。

How to Tie the
ゼブラ・ミッジ

　「ミッジ」という名称は、一般的にユスリカを指しますが、超小型の水生昆虫全般がそう呼ばれることもあります。ユスリカは淡水の生態系に最も多く生息する昆虫の一つで、従ってフライフィッシャーにとって最も重要な昆虫の一つとなります。さまざまなライフサイクルの段階にある、文字通り何千種類ものミッジは、トラウトたちの食事のかなりの部分を占めています。

　ここでは近年、人気急上昇中のミッジフライ、ゼブラ・ミッジを紹介します。このパターンは、よく釣れるフライに必要とされている条件をすべて満たしています。特別な材料を必要としないために安価ですし、手早くタイイングできるというのに、魚はあっけなくだまされます。

　生きているミッジのラーバ（幼虫）は、ブラッドレッド、オリーブ、グレー、ブラウン、ブラックなど、大きさも色合いもさまざまですが、フック・サイズとスレッドの色を変えることで簡単に対応

できます。このシンプルなパターン一つでほとんどのサブサーフェス（水面直下）状況をカバーすることができると言っても過言ではありません。深く沈めるフライには重めのビーズを、表層すれすれに浮遊させたいフライはビーズなしで巻きましょう。

　ブラスのビーズは色もサイズも豊富で、このパターンのビーズ・ヘッドには十分ですが、高価なタングステン・ビーズほどは速く沈みません。サイズに業界標準がないために、ビーズのサイズ選択が難しいのですが、ショップでじっさいに使用するフックに通してみることが最善の方法です。

　このパターンではソラックスにピーコック・ハールを使用しますが、ハールはファイバーが太いものを選びましょう。前に述べたように、ピーコック・テールのアイのすぐ下の部分に品質の良いものがあります。

この項でマスターするテクニック

- スロット（溝）つきビーズの固定
- シンプルなワイヤー・リビング
- ピーコック・ハールのソラックス

上達のためのヒント

- ビーズがあるもの、ないもの、その両方で練習する
- ワイヤーを等間隔に巻く練習をする

タイイング動画

youtu.be/ertfUO608q0
Flytying for Beginners
Zebra Midge with
Barry Ord Clarke

基本テクニック動画は1-4、8、9 (28-30)を参照

マテリアル・レシピ

フック: グラブ・フック (#12-20)
スレッド: ブラック
ヘッド: ビーズ（タングステン、スロットつき）
ボディ: スレッド（ブラック）
リブ: シルバー・ワイヤー
ソラックス: ピーコック・ハール

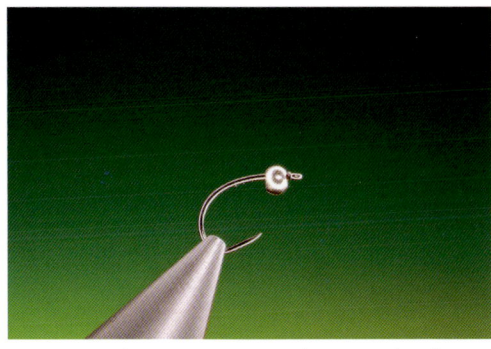

1 サイズのマッチしたタングステン・ビーズをフック・ポイントから入れ、アイの後部までスライドさせる。写真の角度でフックをバイスに固定する

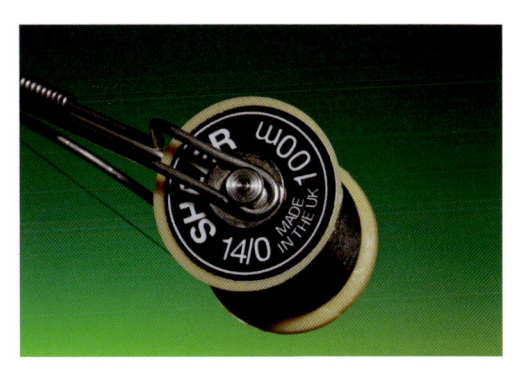

2 ボビン・ホルダーにスレッドをセットする。小さなフライには細いスレッドを使用することで、フライのバランスが良くなる

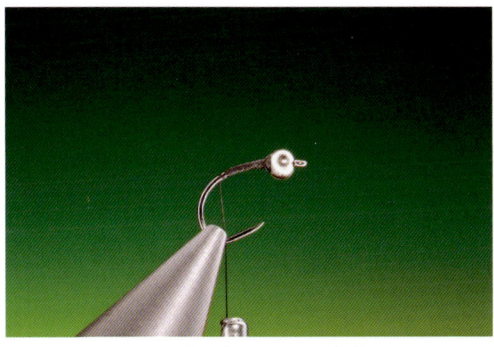

3 スレッドをビーズ・ヘッドの真後ろに取りつけ、ビーズのスロット部分に食い込ませる。ビーズの回転が止まるまで、ビーズを回転させながらスレッドを巻きつける。次にスレッドをフック・シャンクの少し下まで移動させる

4 シルバー・ワイヤーを10cmの長さにカットする

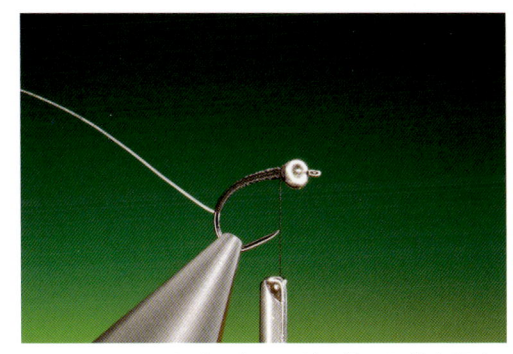

5 ワイヤーをビーズ・ヘッドの後ろに巻き留める。ワイヤーが固定できたら、そのままフック・シャンクの上に重ね、フック・ベンドまでをスレッドで覆うように巻く。次にスレッドをビーズ・ヘッドの後ろまで巻き戻して、ヘッド近くのワイヤーをカバーする

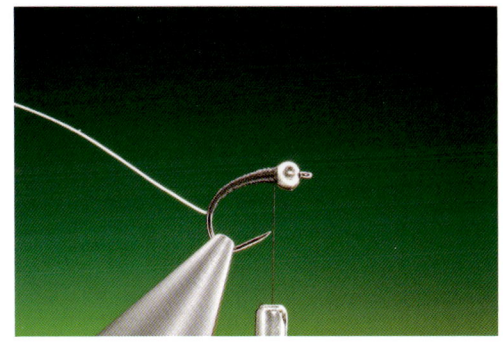

6 ボディがきれいなテーパーになるようにスレッドを巻いて形を整える。美しいボディを作るためには、この作業の前にボビンを反時計回りに回転させてスレッドからヨリを取り、フラットにしておくことが重要だ

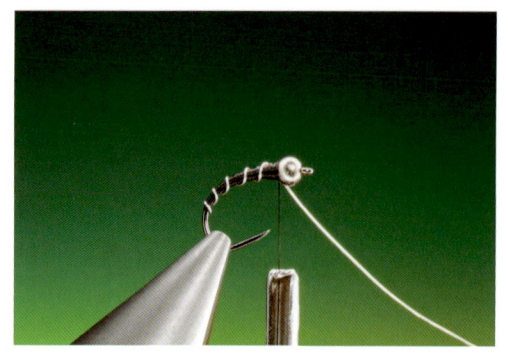

7 ワイヤーを時計回りに等間隔に5〜6回転させ、ビーズの後ろに向かって巻き上げる。さらにスレッドを2〜3巻きしてワイヤーを固定する

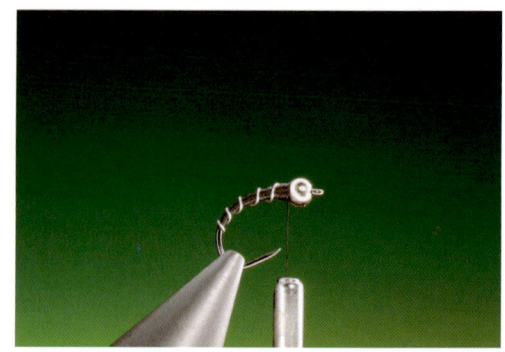

8 ボビンにテンションをかけながら、ワイヤーがきれいに切れるまでねじる（ワイヤーをシザースでカットしない、この方法を練習しよう）

9 ピーコック・ハールのアイから2〜3cm下のファイバーをカットする

10 ファイバーの根元をカットする

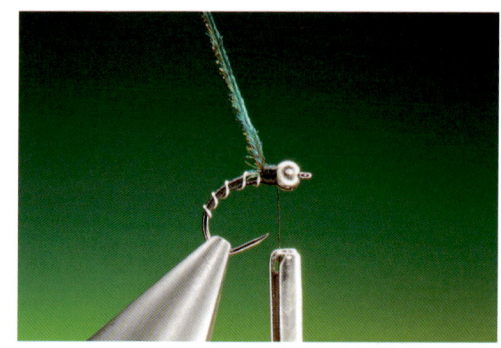

11 カットしたピーコック・ハールの根元部分をビーズ・ヘッドの少し後ろに、ハールの毛先が後方を向くように留める

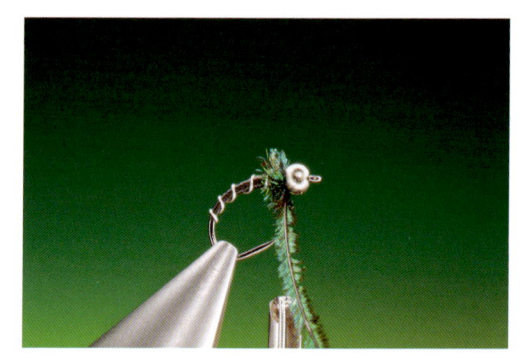

12 ハックル・プライヤーでピーコック・ハールの先端を挟み、ビーズ・ヘッドまで数回巻きつける。その後、スレッドを2〜3回転させてハールを固定する

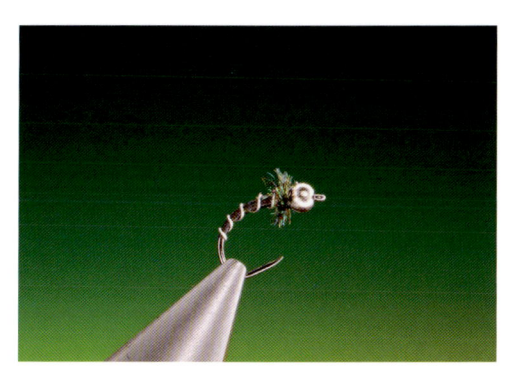

13 余ったピーコック・ハールをカットし、ビーズの近くで2〜3回ウィップ・フィニッシュをする。スレッドをカットする

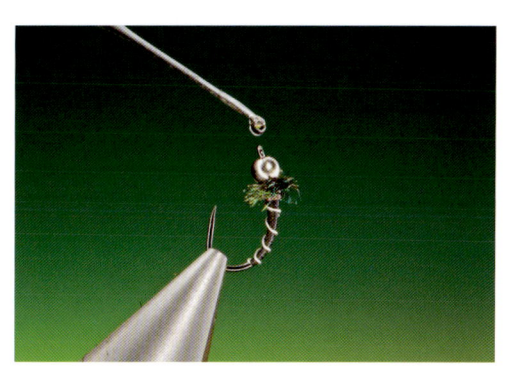

14 ビーズ・ヘッドをヘッドセメントで固定する際には、写真のようにアイを上に向けてバイスに取りつける。ダビング・ニードルを使い、液をフック・アイに1滴垂らす。ビーズの穴の中に液が浸透していく様子が見えるはずだ。ビーズ・ヘッドの穴の中にヘッドセメントが十分たまるまで、これを繰り返す

15 タイイングを始めたばかりの頃は、ヘッドセメントを塗るのがうまくいかず、フック・アイを塞いでしまいがちだ。液体がフック・アイを塞いだまま乾くと、アイにティペットが通らなくなる。不要なハックルのストークをフック・アイに通して、不要な液を取り除く

16 完成したゼブラ・ミッジ

How to Tie the

F・フライ

　このパターンには数多くのバリエーションがありますが、私はシンプルなオリジナル・パターンを愛用しています。タイイングに必要なのはスレッドとCDCハックル2～3本だけという潔さです。ただ、シンプルだからこそ、このパターンをマスターするにはちょっとしたテクニックが必要となります。スレッドは軽く、かつフラットにしやすいダイニーマ (GSP) 系のものがお勧めです。スレッドを装着したボビンを反時計回りに回すとスレッドのヨリがほどけてフラットになり、繊細で細身のボディを作ることができます。ボディは全体を細身に整えながら、フライの後方に向かってさらに細くなるようなテーパーをかけます。スレッドがフラットでないと、この微妙なテーパーを形成することができません。

　ウイングに関しては、経済的に許される限り、最高品質のCDCを購入することをお勧めします。これはすべてのナチュラル・マテリアルに共通することですが、最高品質のマテリアルがフライの上達、ひいては釣果の向上にどれほど重要かは、いくら強調してもし切れません！　安価なCDCのバルクパックを購入することもできますが、パックに入っているCDCの大きさや品質

が不ぞろいで、しかもその多くが小さ過ぎて、ダビング材としてしか使用できないことに気づくことになります。一方で、厳選されたCDCフェザーの小分けパックには、数本のフライを作るのに十分な量しか入っていませんが、そのすべてが使用できます。

　F・フライはスロベニアのフライフィッシャー、マルジャン・フラトニクによってデザインされたもので、CDCがフライフィッシャーに知られていない時代に開発されました。このフライが最大の効力を発揮するのは、スプーキーなトラウトを対象とした、クリアなスプリング・クリーク・タイプの流れです。小さめのフライを、長く繊細なリーダーとティペットの先に結んでキャストします。CDCというマテリアルの投射性の良さとスレンダーなスタイルのフライによって、警戒心の強い、手強い魚を釣り上げることができます。

この項でマスターするテクニック

- ● シンプルで浮力のあるCDCの扱い方とタイイングの方法
- ● スレッドでボディを作る方法
- ● スレッド・コントロール

上達のためのヒント

- ● 細いダイニーマ系スレッドを使用する
- ● ティップが均一なCDCを選ぶ
- ● ナチュラルカラーのCDCを使用する（染色したものは、肝心の浮力が損なわれてしまうことがあるため）

タイイング動画

youtu.be/zusbn891Gdk
Flytying for Beginners F-Fly
with Barry Ord Clarke

基本テクニック動画は 1-4、8、9 (28-30)を参照

マテリアル・レシピ

フック: ドライフライ・フック (#14-18)
スレッド: グレー、ベージュ
ウイング: CDCフェザー (ナチュラル：2～3枚)

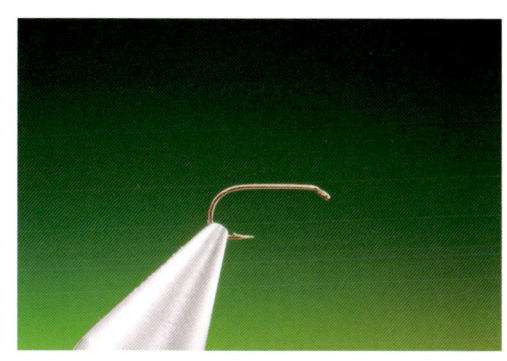

1 フックをシャンクが水平になるようにバイスに固定する

2 ボビン・ホルダーにグレーまたはベージュのスレッドをセットする

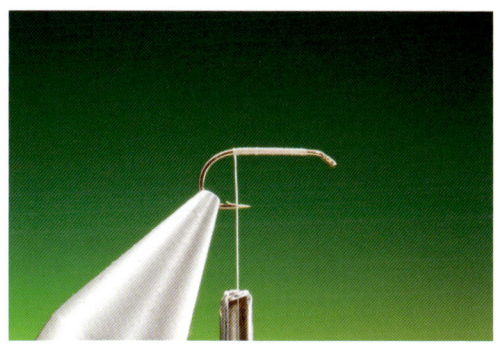

3 スレッドをフック・アイから少し後方に取りつけ、フック・シャンク全体をスレッドで覆う

4 スレッドをスタート位置まで戻す。ボビンを反時計回りに回転させて、スレッドをフラットにする

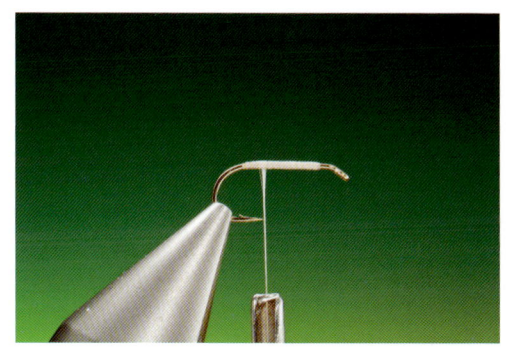

5 フラットになったスレッドでスレンダーなボディを作る

6 緩やかなテーパーの細い葉巻型ボディが完成したら、スレッドをフック・アイより少し後ろまで持っていく

7 同じような大きさで、ファイバー数の多い CDCフェザーを2、3枚選ぶ。1枚をもう一方 のCDCの上に乗せる（3枚でも同じ手順）

8 重ね合わせた2、3枚のハックルを右手で持っ て、フック・シャンクより少し長めのウイング 部分だけを左手でつまむ

9 この後左手でウイングを持ち替え、右手でス レッドを数回転させてフックに固定する

10 フック・アイ上に余っているCDCを慎重にカ ットする

11

フック・アイの後ろから ウイングに向かって、ス レッドで小さなヘッドを 作る

12 ヘッドを作ったら、ウイングに向かってスレッドを戻していく

13 スレッドをカットし、ヘッドにヘッドセメントを1滴垂らす。CDCウイングに液がつかないように注意する

14 必要であれば、ウイング後部を均等な長さにカットして、フック・シャンクと同じ長さにする。ダーク・フェザーのバリエーションは次ページの写真を参照のこと

How to Tie the
フェザント・テール・ニンフ

　オリジナル・パターンは1930年頃、イギリスの伝説的フライタイヤーであるフランク・ソーヤーによって作られました。ソーヤーがリバー・キーパーをしていたイギリス南部のエイヴォン川で、小さなメイフライ・ニンフをイミテートするためにデザインしたのがフェザント・テール・ニンフだったのです。

　ソーヤーのオリジナル・パターンは、フェザント・テールのファイバーと、スレッドの代わりに細いコパー・ワイヤーのみを使って、フライの自重を重くしていることが特徴的です。しかし、じつは私たちが普段、「フェザント・テール・ニンフ」と呼んでいる多くのフライは、このオリジナルとはほど遠い現代的なバリエーションです。

　このパターンに使用するのは三つのマテリアルとスレッドだけです。前項のF・フライ同様に、シンプルだからこそ適切な材料選びが重要になってきます。フライショップで売られているフェザント・テールを一見しただけでは、一つ一つのちがいを見つけることは難しいかもしれません。ですが、試しに何枚かを並べて比較してみてください。それぞれの地色や濃淡の具合が大き

く異なるだけでなく、黒のシェブロン（ストライプ状の紋様）の色が薄いものから濃いもの、また羽の厚みが薄いものから厚いものまで、いろいろあることに気づくはずです。

　良質なテールを選ぶ際に重要な指標となるのは1本1本のファイバーの長さです。一般的に、最も長いファイバーを持っているのは、オスのフェザント・テールの中央部付近に生えていたものです。

　フェザント・テール・ニンフは、一般的なニンフの形状やプロポーションをすべて備えています。つまりこのパターンとまったく同じタイイング・テクニックで、トラウト用の多くのニンフをイミテートすることができるというわけです。

　人気のあるバリエーションはビーズつきのものです。ゴールドのビーズ・ヘッドをフライのヘッドにしたり（p33のゼブラ・ミッジのように）、ウイング・ケースの下に取りつけたりして重量を確保し、同時に輝きを加えるのです。

この項でマスターするテクニック

- ● シンプルで普遍的なニンフ・パターンのデザイン形成
- ● フェザント・テールでボディ、テール、ウイング・ケース、レッグを作る
- ● ピーコック・ハールを使ってニンフのボディに膨らみを持たせる手法

上達のためのヒント

- ● フック・シャンクにフェザント・テールのファイバーを、段差なく巻きつける
- ● リブには明るい色のコパー・ワイヤーを使用する
- ● テールの対称性と正しいプロポーションが重要

タイイング動画

youtu.be/AypIHLATNjY
Flytying for Beginners
Pheasant Tail Nymph with
Barry Ord Clarke

基本テクニック動画は 1-4、8、9 (28-30)を参照

マテリアル・レシピ

フック：ニンフ・フック（#8-16）
スレッド：ブラウン
テール：フェザント・テール
アブドメン：フェザント・テール
リブ：コパー・ワイヤー（ファイン、エクストラファイン）
レッグ：フェザント・テール
ソラックス：ピーコック・ハール
ウイング・ケース：フェザント・テール

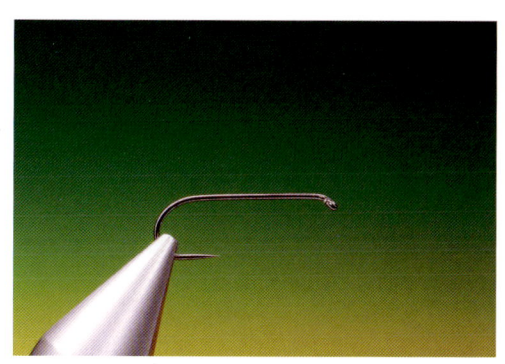

1 ニンフ・フックをバイスに固定し、フック・シャンクが水平になるようにセットする

2 ボビン・ホルダーにブラウンのスレッドをセットする

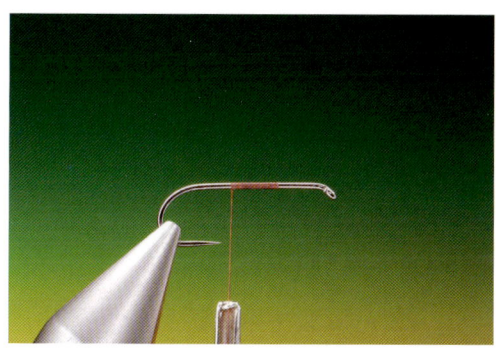

3 スレッドをヘッド後部からからシャンクの1/3ほどの長さまで巻く

4 フェザント・テールの先端をそろえるために、指で小さな束を挟んで、軸から90度になるようにゆっくりと引っ張る。そして、束をしっかりと持ち、先端がそろった状態のまま、根元からカットする

5 カットした部分はテールとして使用するので、先端がそろっていないとならない

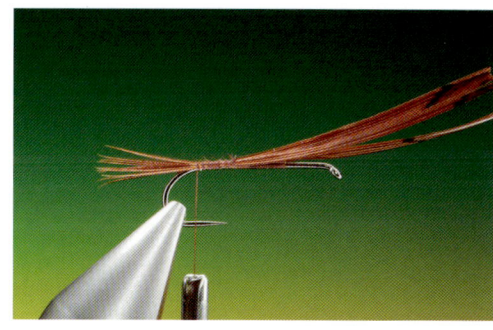

6 テール用のファイバーをフック・シャンクの上に巻き留める。テールの長さはフック・シャンクの約半分の長さ

7 コパー・ワイヤーを10cmほどカットする

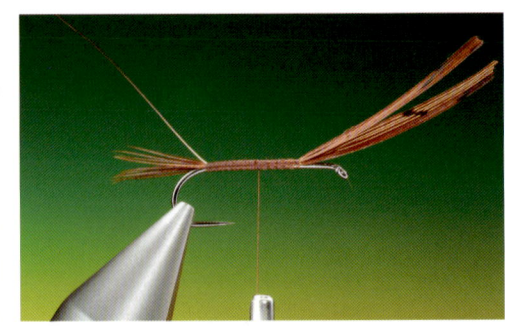

8 コパー・ワイヤーをヘッド後部に巻き留めてから、フック・シャンクに沿うようにスレッドで巻いていく。フェザント・テールはウイング・ケースにするため、カットせずに前方に残しておく

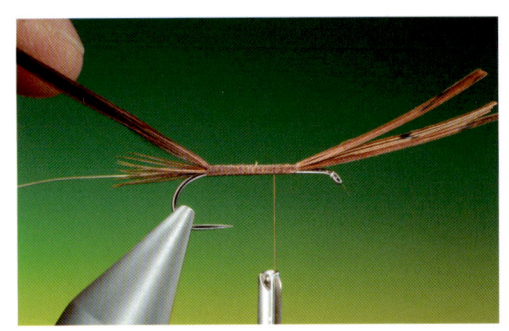

9 フェザント・テールのファイバーをもう一束カットする。その束の先端をワイヤー同様ヘッド後部に巻き留めて、テールの根元までスレッドを巻き進めてから、スレッドをヘッド後方へ戻す

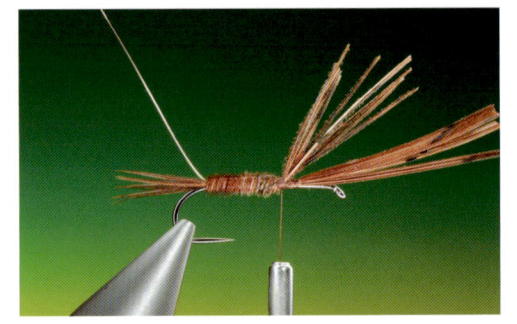

10 ボディを形成するためのフェザント・テール・ファイバーがねじれていないことを確認する。束をつまんで持ち、時計回りでシャンクにファイバーを巻きつける。8で前方に残した束と同じ位置でスレッドを数回巻いて留める

11 ボディ用に使ったフェザント・テールの余ったファイバーをカットする（ウイング・ケース）となる部分はカットしない）

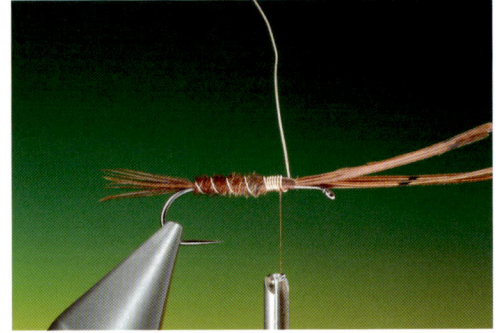

12 ワイヤーをソラックスの位置まで等間隔に4〜5回転（反時計回り）させる。ニンフに重みを加えたい場合は、胸部でワイヤーをさらに2〜3巻きする。スレッドを数回巻いてワイヤーを固定する

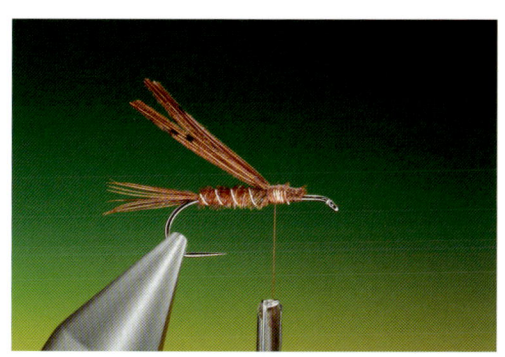

13 余ったコパー・ワイヤーをカットする。フェザント・テールのファイバーの束をコパー・ワイヤーの上に折り返し、フック・シャンクの上に来るように巻き留める

14 もう一度、フェザント・テールの束を小さくカットする。この束がニンフのレッグとウイング・ケース用に追加するものとなる

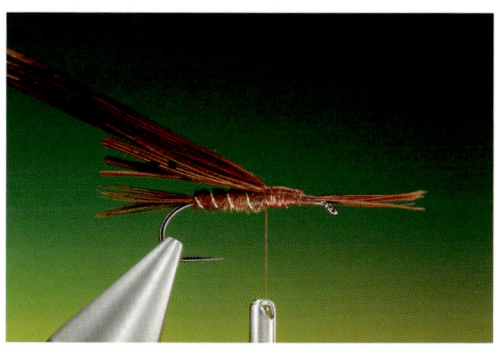

15 ファイバーの先端をフック・アイの上に写真のように取りつける。この突き出た部分の長さはテールとほぼ同じ長さ。スレッドをソラックス部分まで戻す

16 ピーコック・ハールを2本カットする

17 ピーコック・ハールをスレッドでソラックス後端に巻き留める

18 ピーコック・ハールをソラックス部に巻きつける。ねじれたり交差したりしないように注意する。フック・アイの後ろで巻き留める

19 余ったピーコック・ハールをカットする。ヘッド側に飛び出ているフェザント・テールの先端を二つの束に分け、レッグの形になるようにソラックスの両側に沿って折り返す。スレッドを数回巻いてレッグを後ろ向きに固定する

20 レッグを横から見るとこのような形状

21 残しておいたフェザント・テールのファイバーの束を取り、ソラックスの上に折りたたむ。スレッドを数回巻いて固定する。この部分がウイング・ケースとなる

22 固定したら、スレッドを写真のようにフック・アイから少し後ろへ戻す

23

余ったフェザント・テールのファイバーをヘッドの上で斜めに慎重にカットする。スレッドを切らないように注意

24 スレッドを巻き、小さなヘッドを作る。最後に
ウィップ・フィニッシュしてスレッドをカットす
る

25 ヘッド部分をヘッドセメントで固定する（で
きれば2回くらい）

26 完成したフェザント・テール・ニンフを上から見たところ。テール、ボディ、ウイング・ケース、レッグのプ
ロポーションと対称性に注目

How to Tie the

ヘアーズ・イヤー・ニンフ

　ヘアーズ・イヤー・ニンフには、シンプルなものから複雑なものまで、数え切れないほどのバリエーションがあります。さまざまな方向性への応用が利くように、今回は最もスタンダードと思われるパターンを紹介します。

　このフライパターンのバリエーションに共通しているのは、ヘアーズ・イヤー (うさぎの耳) の毛をダビング材として使うこと、そしてその大半のボディにゴールドのティンセルでリブがつけられていることです。ヘアーズ・イヤーのダビングは、フライタイヤーにとって必要不可欠なテクニックですが、意外にもベテランでもしっかり巻くことができない人が少なくありません。

　ピーコック・ハールやフェザント・テール同様、ヘアーズ・イヤーでダビングされたボディにトラウトたちは魅力を感じているようです。ただし、ここで一つだけ注意しなくてはならないことがあります。じつはこのフライは、その名のとおりヘアーズ・イヤーを使いながらも、ヘアーズ・マスクの毛を混ぜたものをダビング材として使用しています。ヘアーズ・イヤーという名前がついているだけに、これは意外な盲点で、ベテランのフィッシャーでもヘアーズ・イヤーだけでタイイングしている人が少なくありません。

　ヘアーズ・イヤーとヘアーズ・マスクを混ぜ合わせる際には、色合い、質感、毛の長さをうまい具合にブレンドすることが肝となります。自分のイメージしている色合いと質感になるまで、手の

ひらでこすり合わせましょう。

　このスタイルのダビングには、スレッドで作るダビング・ループという手法を使います。スレッドをテールの根元に垂らした状態で、ボビン・ホルダーを引っ張り、ホルダーの先端からスレッドを20cmほど引き出します。テールを取りつけるあたりで糸を折り返し、引き出したスレッドでループを作ります（長さが10cm程度のループになるはずです）。次に、そのループにブレンドしたダビング材を入れ、ダビング・スピナーを使ってより込んでダビング・ブラシを作ります。

　ボディに巻かれたゴールド・ティンセルのリブは、浮上中の水生昆虫がボディにはらんでいるガスの泡を模しています。ダビングと反対方向に巻き、ボディを補強します。ニンフのウイング・ケースとレッグは同一のフェザント・テールの先端側と根元側を使用します。一束でウイング・ケースとレッグを兼用するので、適切な長さのフェザント・テールを選ぶ必要がありますが、これらはタイイングする前に、先端をすべてそろえておきます。フェザント・テールのティップ部分を前にして、フック・アイのすぐ後ろに巻き留めます。長さはフック・シャンクの半分程度。そのまま、スレッドをテール側に巻き戻しながらフェザント・テールをアブドメンの先端（リブを巻き終えた位置）で固定します。

この項でマスターするテクニック

- ● ヘアーズ・イヤーのダビングを作る
- ● ダビング・ブラシを紡ぐ
- ● ボディとリブを逆巻きにする
- ● ニンフのボディにウェイトを加える

上達のためのヒント

- ● ヘアーズ・イヤーのダビング材は、しっかりと混ぜ合わせること
- ● ボサボサのボディを作るが、毛羽立たせ過ぎないように

　ソラックス部のダビング後、フェザント・テールは折り返してウイング・ケースとします（ステップ22参照）。

マテリアル・レシピ

フック: ニンフ・フック (#6-12)
スレッド: ブラウン
ウェイト (オプション): レッド・ワイヤー (0.4mm/0.015")
テール: ヘアーズ・マスクのガードヘア
リブ: オーバル・ゴールド・ティンセル (ファイン、オーバル)
アブドメン: ヘアーズ・イヤーとヘアーズ・マスク (柔らかな部分のブレンド)
ウイング・ケース: フェザント・テール
ソラックス: ヘアーズ・イヤーとヘアーズ・マスク (柔らかな部分のブレンド)
レッグ: フェザント・テール
ヘッド: スレッド(ブラウン)

タイイング動画

youtu.be/fi9BhaoO-mE
Flytying for Beginners
Hare's Ear Nymph with
Barry Ord Clarke

基本テクニック動画は 1-5、8、9 (p28-30)を参照

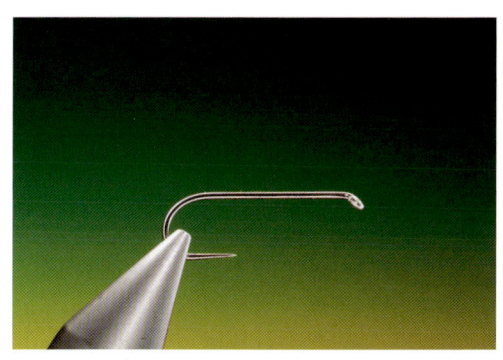

1 ロング・シャンクのニンフ・フックを、シャンクが水平になるようにバイスに固定する

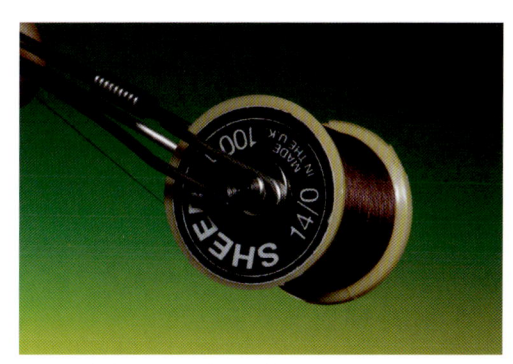

2 ボビン・ホルダーにブラウンのスレッドをセットする

3 細いレッド・ワイヤーを約7㎜カットする（手でねじってカットする）

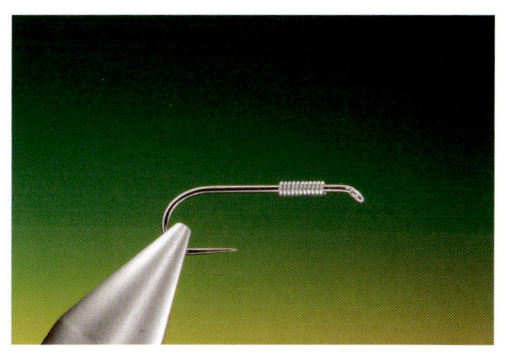

4 写真のようにレッド・ワイヤーを10〜15回巻きつける

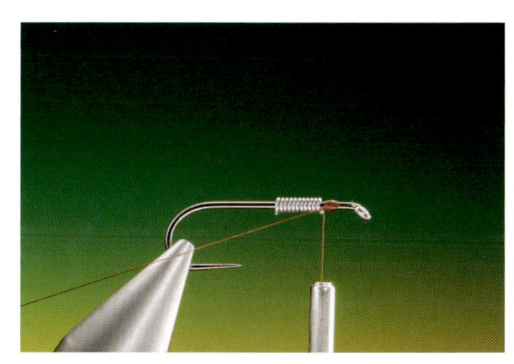

5 スレッドをレッド・ワイヤーの前方に取りつける。（この部分がストッパーとなり、レッド・ワイヤーが前方にスライドしてこない）

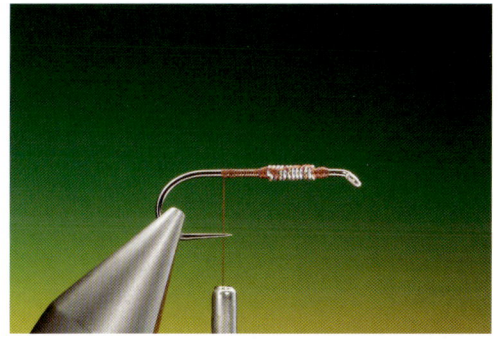

6 スレッドをレッド・ワイヤーの上から、後方に向かって6〜7回転させ、レッド・ワイヤーの後方まで巻き進める（レッド・ワイヤーの後端部分をきつく数回巻くことで固定できる）

7 ヘアーズ・マスクから長めのガードヘアを束にしてカットする。アンダーファーをコームや歯ブラシで取り除く

8 毛先をそろえたまま、写真のように巻き留める。これがニンフのテールになる

9 テールが完成したら、スレッドを巻いて束全体を固定する

10 リブ用に約10cmのオーバル（楕円の断面）・ゴールド・ティンセルをカットする

11 ティンセルの端をヘッド部分からフック・シャンクに沿わせてスレッドで固定する（写真のようにテールのつけ根まで）

12 ダビングに使用するヘアーズ・イヤーとヘアーズ・マスクはタイイング開始前にブレンドしておくこと

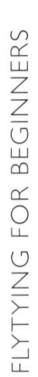

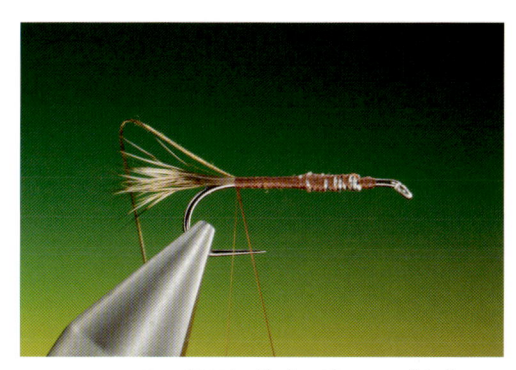

13 テールの根元にダビング・ループを作る
（p28のダビング・テクニックの動画を参照）

14 ループの上部2/3にダビング材を挟み、ダ
ビング・スピナーでループを回転させ、とげ
状のダビング・ブラシ（スレッドで紡がれ
て、長いブラシ状になったもの）を作る

15 ダビング・ブラシをテールのつけ根から胸
部に向かって反時計回りで巻きつける（腹
部全体がダビングで覆われるように注意し
ながら、きつく均等に）。スレッドを数回転
させてダビング・ブラシを固定する

16 ティンセルを持ち、時計回りに4〜5回転さ
せ、レッド・ワイヤーの上でティンセルを固
定する。余分なティンセルはカットする

17 この一つまみ程度のフェザント・テールの
束でニンフのレッグとウイング・ケースを兼
用させる

18 先端をレッグにするため、フック・アイの前
に出すように取りつけ、レッド・ワイヤーの上
に束を巻き留める

19 ここでもう一度ダビング・ループを作り、今度は長めのヘアーズ・イヤーのダビング材で、多くのソラックス用のダビング・ブラシを作る（1回目のダビング・ブラシよりは短く）

20 ダビング・ブラシをソラックス部に巻きつけ、フック・アイの少し後ろでスレッドで巻き留める。余ったダビング・ブラシはカットする

21 レッグ用に取りつけたフェザント・テールのティップ部を二つの束に分け、フック・シャンクの両側にスレッドで巻き留める（ティップが後ろを向くように）

22 フェザント・テールのファイバーが1本も重ならないように、ソラックスの上をカバーするように折りたたむ。フック・アイ付近でスレッドを数回転させて固定する

23

余ったフェザント・テールを慎重にカットする（このときにスレッドを切らないように注意して！）

24 フック・アイの後ろからスレッドを数回巻きつけて、カットしたフェザント・テールの端をカバーする。仕上げに1～2回ウィップ・フィニッシュして、スレッドをカットする

25 ソラックスやウイング・ケースに付着しないように気をつけて、ヘッドセメントを2、3回塗る

26 完成したヘアーズ・イヤー・ニンフを横から見たところ。
次ページ：上から見たヘアーズ・イヤー・ニンフ

How to tie the

フライング・アント

　このフライング・アント・パターンは、ウイング、ボディ、レッグ、ヘッドを持つ、いわゆるセミ・リアリスティック・パターンです。もっと簡単にタイイングできるアント・パターンもありますが、ここでは他のアント・パターンをタイイングする際にも有効なテクニックを学びましょう。アントが嫌いなトラウトはいません。世界中のあらゆる釣り場で通用する、フライフィッシャーにとって重要なテレストリアル (陸生昆虫) の一つです。

　フライング・アントはきわめて飛翔能力が低いため、風の吹くまま風下に流されてしまい、運悪く落下点が水上だとトラウトの餌食になってしまうというわけです。大量に羽化した直後、トラウトはアントだけをセレクトしつつ飽食する傾向にあるため、フライ・ボックスにアント・パターンがないと釣りにならない状況もままあります。アント・パターンであればどんなフライでも構わないケースもあれば、シルエット、カラー、サイズなどが完璧にマッチしていないとダメなケースもあります。どちらのケースであっても、セミ・リアリスティック・パターンの汎用性が生きてきます。

私たちが普段目にしているアントはブラックであることが多いと思いますが、よくよく観察してみると、腹部がレッドだったり、全体がブラウンがかっていることも少なくありません。ここでは二つのバリエーションを紹介します。どちらもまったく同じパターンですが、色に少し変化を持たせています。

一つは羽も含めてすべてレッド、もう一つは私のお気に入りで、後ろ半分がレッドでヘッド部分がブラックというパターンです。いずれもフロータントで処理すれば、見た目よりも浮力があります。

本物のアントは飛ぶだけでなく、不器用ながらもしっかりと泳ぎます。そんな姿をトラウトは見慣れているために、ドライフライのアントは有効なのです。

ここで使用するダビング・マテリアルのスーパー・ファイン・ダビングは、ダビング・ボディを必要とする大半のドライフライ・パターンに最適です。

この項でマスターするテクニック

- ハックル・ティップ2本でウイングを作る
- シンセティック・マテリアルでタイトなボディを作る
- ハックルのトリミング

上達のためのヒント

- ボディ・パーツのプロポーションに注意する
- ダビングはごくごく少量ずつ
- 正しいサイズのハックルを選ぶ
- このパターンをマスターしたら、別のアント・パターンをいくつかタイイングする

タイイング動画

youtu.be/W2VdhHGmchY
Flytying for Beginners
Flying Ant with
Barry Ord Clarke

基本テクニック動画は p1-4、6-9 (28-30)

マテリアル・レシピ

フック: ドライフライ・フック (#12-16)
スレッド: ブラック
ボディ: スーパー・ファイン・ダビングとポリ・ヤーン (ブラック)
ウイング: コック・ハックル・ティップ (ダン)
ハックル: サドル・ハックル (ブラウン)
レッグ: フェザント・テール
ヘッド: スーパー・ファイン・ダビングとポリ・ヤーン (ブラック)

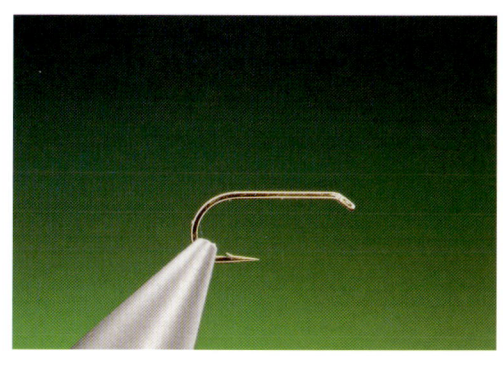

1 フックを、写真のようにシャンクが水平になるようにバイスに固定する

2 ボビン・ホルダーにブラックのスレッドをセットする

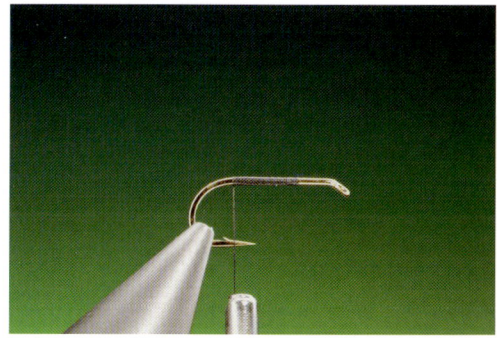

3 スレッドをフック・シャンクの中央に巻き、ボディ部の土台を作る。（スレッドがバーブあたりに来るようにする）

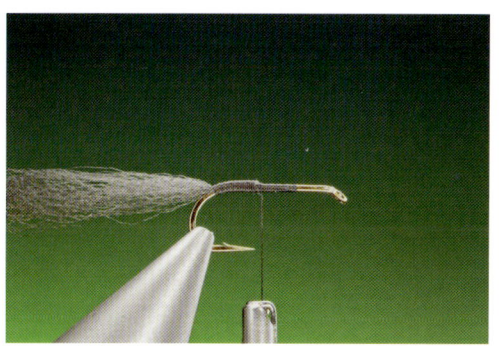

4 ポリ・ヤーンを短く切り、フックの後方で結び留める

5 スーパー・ファイン・ダビングを少量スレッドに巻きつける

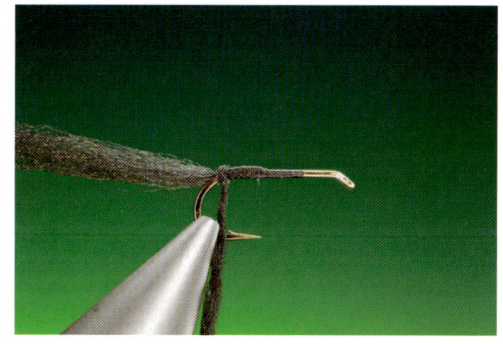

6 ごく少量を、ゆっくりと時間をかけて、しっかりとダビングしていく（上の拡大写真で見ると多く見えるが、じっさいにはごくごく少量）

7 ダビングをフックに巻きつける（フック・ベンドの少し下から）。ボディもヘッドも硬くタイトにダビングする

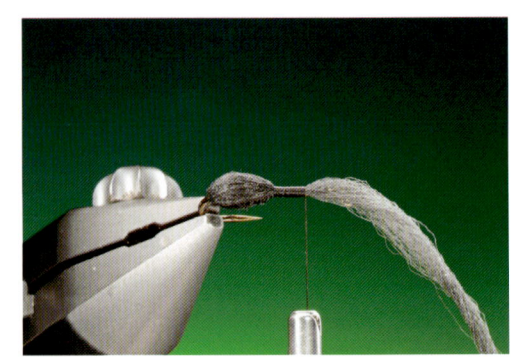

8 ダビングしたボディの上部を、ポリ・ヤーンを折り返して覆う。ヤーンのファイバーがねじれずに、まっずぐになるように注意する

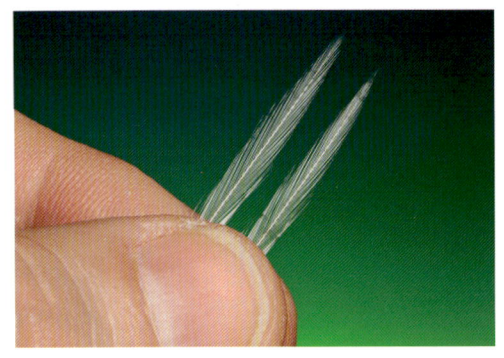

9 ウイングには同じサイズの小さなハックルを2本選ぶ

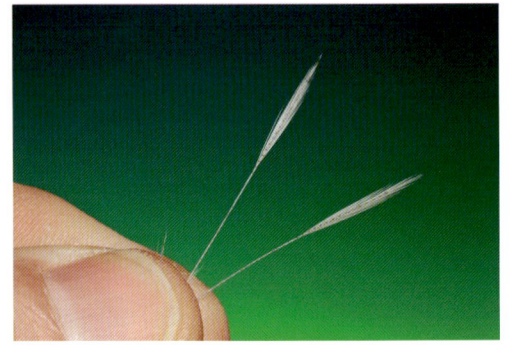

10 ウイングを適切な長さ（フック・シャンクとほぼ同じ長さ）になるように、根元分のファイバーを取り除く

11 スレッドをボディまで巻き戻し、最初のウイングを2〜3回転させて留める（このときハックルの根元を引っ張りながら、ウイングが正しい位置に来るように調整するのがコツ）

12 二つ目のウイングもステップ11を繰り返す。ウイングがバランスよく、正しい長さになるように注意する。ウイングが正しい長さになったら、余ったハックルをカットする

13 コック・ハックルから根元のウェッブ（柔らかな部分）をむしり取る

14 ハックルがフック・シャンクから90度の角度で立つように、ハックルのストーク（軸）の根元前後をX・タイ（用語集p6参照）で巻き留める

15 余ったハックルの根元をボディの中央部に沿って巻き留めてから、ヘッド後部でカットする。余ったストークがフック・アイまでの距離より長い場合は、取りつける前にカットしておく

16 ハックル・プライヤーをハックルに取りつけ、前の回転と重ならないように（タッチング・ターンと呼ぶ）アイ方向へ巻いていく。スレッドでハックルを固定し、余分なハックルをカットする

17 ポリ・ヤーンをボディの上に折り返し、スレッドにブラック・ダビングをごくごく少量だけ巻きつける

18 ヘッド部分のダビングをタイトに巻く（フック・アイにかからないように注意）

19 ポリ・ヤーンでヘッドの上を覆い、スレッドで数回巻いて固定する

20 余分なポリ・ヤーンとスレッドをカットし、仕上げに1〜2回ウィップ・フィニッシュする

21 スレッドをカットして、ヘッド部分にだけ、ヘッドセメントを垂らす（上の写真では、ヘッド全体に塗っているように見えるが、じっさいはフック・アイとポリプロピレン・ヤーンが接しているわずかな部分だけ）

22 完成したフライを真横から見たところ

23 フライを水面にぴたりと貼りつけたい場合は、裏側のハックル・ファイバーを丁寧にカットする。こうすることで、より水面上での姿勢が良くなる

24 完成したフライング・アントを上から見下ろしたところ

How to Tie the

モンタナ・ニンフ

　このニンフは大昔に初心者だった私が、最初の頃にタイイングしたニンフの一つです。インターネットもなく、ステップ・バイ・ステップで学べる教本には著名なパターンしかなかった時代のことで、私はショップで購入したニンフを分解して、どうやってタイイングされているかを調べました。それはそれで楽しかったグッド・オールド・デーズの思い出ではありますが、今どきそんな手間と時間がかかる方法でフライを巻く人がいるとは思えないので、この本の意義もあるのではないかと考えるわけです。話が横道にそれ過ぎないうちに、このフライの紹介をしましょう。

　モンタナ・ニンフは、もともと北米原産の大型のストーンフライ（カワゲラ）の幼虫をイミテートしたものですが、結果的に世界中の釣り人があらゆる川や湖で使う（ストーンフライ・ニンフが生息していない場所であっても）、人気フライとなりました。なので、私もこのフライをストーンフライのリアル・イミテートではなく、アトラクターやサーチング・パターン（魚の有無や活性を探るためのフライ）のカテゴリーに分類しています。

　大半のニンフと同じように、モンタナ・ニンフもどの深さまで沈めるかによって、ウェイトの量

を調整します。増水時など、水況によっては、ティペットにウェイトをつけて対応することもあるでしょうが、このニンフのようにバルキーなフライは沈みにくいので、ウェイトを重くしてコントロール性を上げるのが一般的です。また、最初のキャストの前に、フライを水に浸しておくことも重要です。キャスト前に濡らすことで、シェニール・ボディにたまった空気が抜けて、ニンフが着水してすぐに沈むようになるのです。

　長年の間に、モンタナ・ニンフには多くのバリエーションが生まれましたが、人気のあるものの一つに「グリーン・モンタナ・ニンフ」があります。オリジナルのブラック・シェニールをオリーブ・シェニールに、グリーン・シェニールを明るいイエロー・シェニールに置き換えたものです。テールとハックル・フェザーは黒のままなので、オリジナル・パターン同様に試してみてください。

この項でマスターするテクニック

● ハックル・ファイバーからテールを作る方法
● シェニール・ボディを作る手順

上達のためのヒント

● パーマー・ハックルでレッグが形成できることを確認する
● シェニールは巻き始める前に、あらかじめ指でよくねじること（シェニールにふんわり感が生まれる）。
● アイ部分に十分なスペースを空けておかないと、シェニールでアイがつぶれてしまう

タイイング動画

youtu.be/7CX2jgELul8
Flytying for Beginners
Montana Nymph with
Barry Ord Clarke

基本テクニック動画は p1-4、7-9 (28-30)

マテリアル・レシピ

フック: ニンフ・フック (#6-12)
スレッド: ブラック
ボディ:レッド・ワイヤー (0.4mm)
テール: コック・ハックル (ブラック)
アブドメン:シェニール (ブラック)
ウイング・ケース:シェニール (ブラック)
ソラックス:シェニール (蛍光イエロー、またはグリーン)
レッグ:コック・ハックル (ブラック)
ヘッド:スレッド (ブラック)

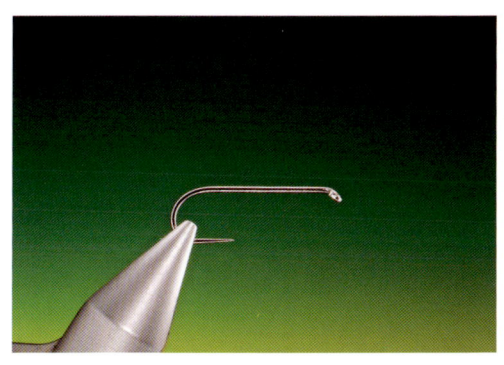

1 フック・シャンクが水平になるようにバイスに固定する

2 レッド・ワイヤーを7cmほどカットする

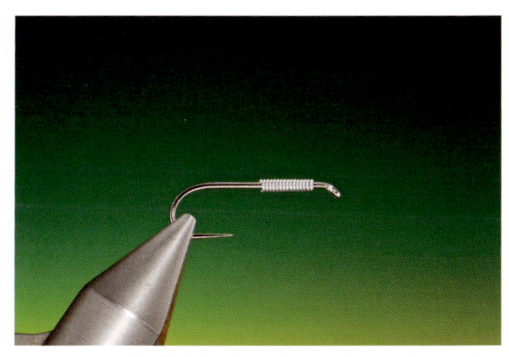

3 ヘッド後部から、レッド・ワイヤーを10〜15回巻く。早く沈むようになるだけではなく、ボディにボリュームが出る

4 ボビン・ホルダーにスレッドをセットする

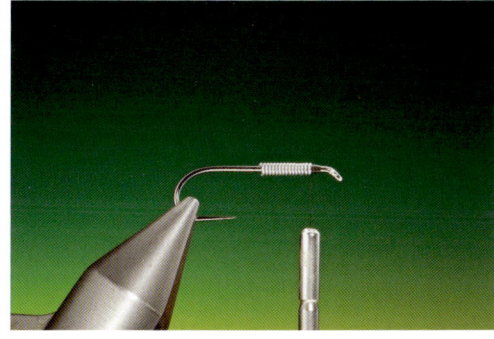

5 スレッドを写真のようにレッド・ワイヤーの前方に取りつける。これがストッパーとなり、レッド・ワイヤーが前に滑るのを防ぐ

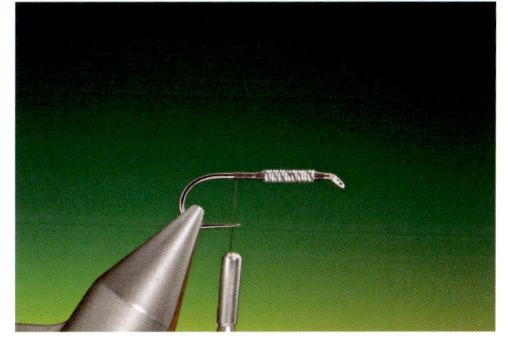

6 スレッドでレッド・ワイヤーを固定し、さらにレッド・ワイヤーの後方で、後端のストッパーとして巻き留める

7 大きめのコック・ハックルを選び、写真のように根元からウェップを取り除く。次にファイバーをストークから90度に起こして適量をむしり取る（量は8の写真を参照）

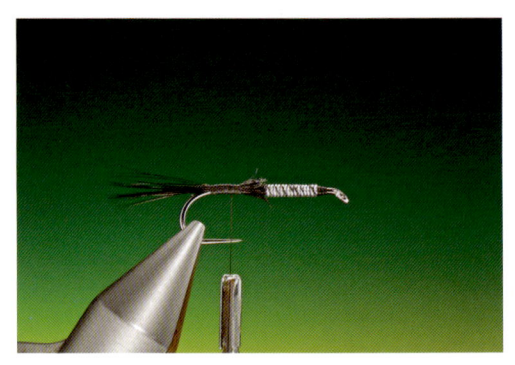

8 ハックル・ファイバーの根元をレッド・ワイヤーの後端で固定する。これがテールとなる

9 シェニールを20㎝程度カットする

10 シェニールをフック・シャンクの上、テールのつけ根とレッド・ワイヤーの間に取りつける

11 テールから、シェニールを丁寧に、均等に、タイトに巻いていく。レッド・ワイヤーまで来たら、スレッドを3〜4回転させてシャンクの上でシェニールを固定する

12 シェニールの余った側をループ状になるように折り返し、写真のようにレッド・ワイヤーの後端部にスレッドで巻き留める

13 蛍光グリーンのシェニールを約10cmカットする

14 片方の手でシェニールを持ち、反対の手の爪先でシェニールの繊維をむしる。写真のように芯が見えるようにする

15 シェニールの芯をレッド・ワイヤーの後端に巻き留める（緑色のシェニールが黒いシェニールのループにしっかりと接するように）

16 コック・ハックルの根元のウェッブをむしり取る

17 右手でハックルの先端を持ち、左手で根元側のファイバーを反対方向に引っ張って戻す

18 左手にハックルを持ったまま、ハックルの先端を黒のシェニールと緑のシェニールの根元にスレッドで巻きつける。その後、スレッドを前方まで巻き、フック・アイの真後ろまで持っていく

19 グリーンのシェニールをフック・アイに向かって4〜5回転させる（フック・アイがつぶれないように。ここにスペースを残しておかないと最後にウィップ・フィニッシュできない）。フック・アイの後ろでスレッドを3〜4回転させてシェニールを巻き留める

20 フック・アイを塞がないように、余分なシェニールを丁寧にカットする

21 ハックル・プライヤーを使い、ハックルを4、5回転させる（シェニールのターンの間に食い込ませて巻いていく）。フック・アイまで巻いたら、スレッドを3〜4回転させて固定し、余分なハックルを切り落とす

22 ブラック・シェニールのループを2本とも折り返して、スレッドでフック・アイの後ろで巻き留める。これが23のようにウイング・ケースとなる

23

2本のブラック・シェニールはそれぞれフック・アイの根元の左右脇に巻き留め、余りをカットする

24 ウィップ・フィニッシュして、スレッドをカットし、ヘッドセメントを垂らす

25 完成フライを上から見たところ。レッグ部分のハックルが、後ろを向いていることを確認

26 完成フライを横から見たところ

ウーリー・バガー

　ウーリー・バガーはアメリカ生まれの万能フライで、特定の水生生物をイミテートしたものではありません。トラウトがこのフライを何と思って食いついてくるのかは謎ですが、テールに使われているマラブーの魅惑的な動きにその鍵があることはまちがいなさそうです。

　マラブーは水に濡れると、他のマテリアルでは表現することのできない、いかにも小生物が遊泳しているような水中アクションを演じてくれます。このアクションにビーズ・ヘッドを組み合わせると、フライはリトリーブするたびに上下運動を繰り返すようになり、さらに魅惑的な動きをするようになります。

　よく釣れるウーリー・バガーを作るためのコツは、マラブーとウェイトのバランスに気を遣うことです。最もありがちなのが、マラブーのテールを長くし過ぎることです。そうなるとキャスト時にフック・ベンドに巻きついてしまい、ゴミの塊をリトリーブしているような状態になってしまいます。このフライは明確にアトラクターなので、トラウトに一度警戒されてしまうと、成功の確率がぐっと下がってしまいます。また、ウェイトが多過ぎると、フライの動きが悪くなるばかりか、キャストも難しくなってしまいます。

伝統的にウーリー・バガーは、作者のラッセル・ブレッシングのオリジナル・フライに準じて、ブラックのマラブー・テールとオリーブのシェニール・ボディ、ブラックのハックルでタイイングされてきました。この組み合わせは今でも人気のある必殺カラー・コンビネーションですが、水の色合いや季節によって、いくつかのカラー・バリエーションを作っておくことをお勧めします。

パーマー・ボディ・ハックルは、ハックル・ストークの根元が長く、先端に向かって短くなるテーパーのファイバーのものを使いましょう。そうすることで、フライの頭部が長く、テールの付け根が短い、バランスの取れたフライになります。また、ドライフライ用のハックルとは逆に、太くて柔らかいファイバー、そして根元にウェブを残したままのハックルを使いましょう。

また、タイイングの際には、ハックルの各ターンを、ボディのシェニールの各ターンの合間に挟み込むように巻くと、フライの耐久性をアップさせることができます。

この項でマスターするテクニック

● マラブーとクリスタル・フラッシュによるテールのタイイング方法
● シェニール・ボディにパーマー・ハックリングをする方法
● ビーズ・ヘッドの固定方法

上達のためのヒント

● キャスト時にマラブーがフック・ベンドに引っかからない長さのテールにする。

● ステップ4でレッド・ワイヤーを追加したバリエーションを作る（ワイヤーの巻き過ぎは禁物！）

● ストローを使って、ハックルの向きを調整する

タイイング動画

youtu.be/jwXruKxD0kw
Flytying for Beginners
Woolly Bugger
with Barry Ord Clarke

基本テクニック動画は p1-4、8、9 (28-30)

マテリアル・レシピ

フック: ストリーマー・フック (#4-12)
スレッド: オリーブ
ボディ：シェニール (オリーブ)
テール: マラブー (オリーブ) とクリスタル・フラッシュ (パール)
リブ: ゴールド・ワイヤー
ハックル: コック・ハックル (オリーブ)
カラー：ピーコック・ダビング (オリーブ)
ヘッド：ビーズ (ブラス、スロットつき)

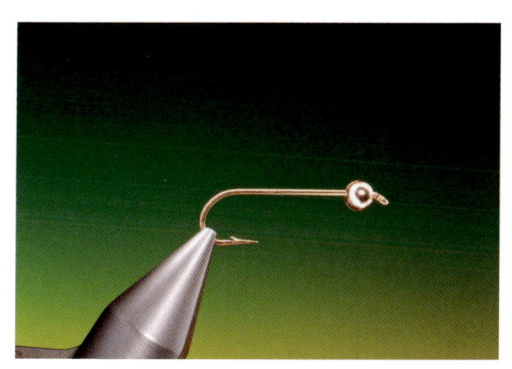

1 フックにビーズを通す。フック・シャンクが水平になるように、フックをバイスに固定する

2 ボビン・ホルダーにスレッドをセットする

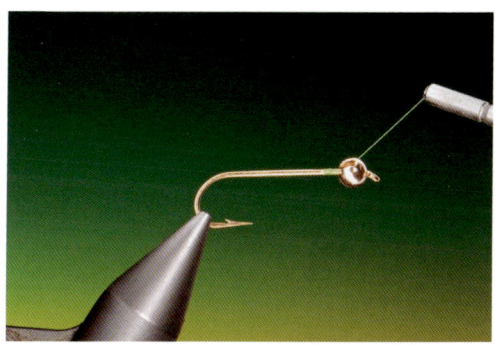

3 スレッドをビーズ・ヘッドの真後ろに取りつけ、ビーズを固定するように数回巻きつける。スレッドを写真のようにビーズの溝に入れて、ビーズが回転しなくなるまで巻く

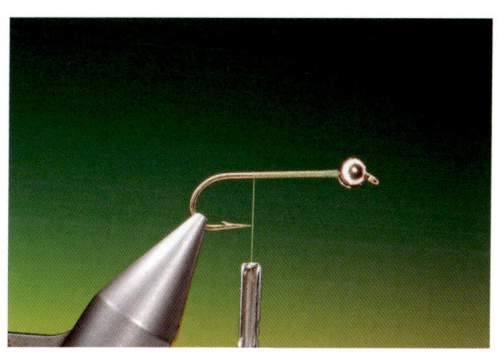

4 スレッドをフック・ポイントの上まで巻き進める

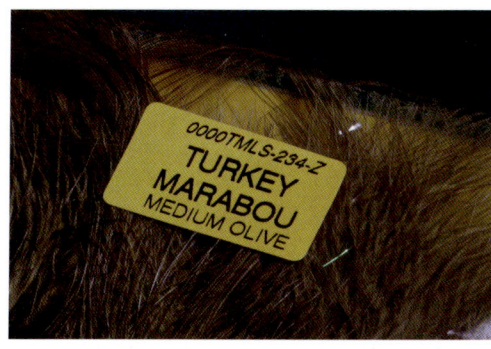

5 マラブーのパッケージから数束をカットする

6 マラブーの根元をカットする

7 マラブーをフック・シャンクの上部に巻き留める（先端がフック・シャンクと同じ長さ、もしくは少しだけ短くなるように）

8 スレッドをさらに数回巻いてテールを固定したら、マラブーを持ち上げて、スレッドをビーズ・ヘッドの後ろまで戻す

9 マラブーをねじってロープ状にする

10 ねじったマラブーをフック・シャンク上に乗せ、スレッドを2〜3回転させてヘッドの少し後ろで固定する

11 余ったマラブーをカットし、テールの根元までスレッドを戻す

12 クリスタル・フラッシュをパッケージから取り出す

13 クリスタル・フラッシュを2〜3本カットする

14 片方の端をマラブー・テールの上に取りつけ、折り返して4〜6本がマラブーの上にくるようにする（マラブーよりもやや長めに）

15 クリスタル・フラッシュの束を固定したら、スレッドを数回巻いて固定する（この時点では余った部分はカットせず、タイイング完了寸前にバランスを見てからカットする）

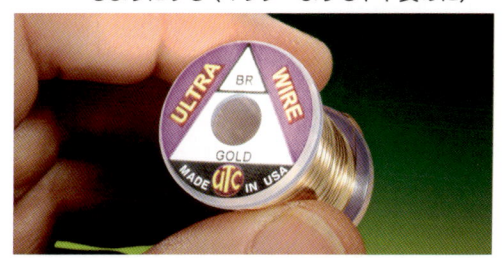

16 ゴールド・ワイヤーを20cm程度カットする

17 ゴールド・ワイヤーをビーズ・ヘッドの後ろに巻き留め、フック・シャンクに沿ってテールの根元までスレッドを巻いて固定する

18 シェニールを約15cmカットして、ヘッド後部からフック・シャンクに沿ってスレッドで巻き留める

19 シェニールをフック・シャンクに時計回りでタイトに巻きつける。ビーズ・ヘッドの数ミリ後ろでシェニールを巻き留め、余りをカットする

20 コック・ハックルのストークの根元にあるウェッブを取り除く

21 ビーズ・ヘッドの後ろにハックルを巻き留める（フック・シャンクに対して約90度）

22 ハックル・プライヤーを使い、ハックルを時計回りで後方に向かって巻きつける

23 テールの根元まで巻き進んだハックルを、ゴールド・ワイヤーを時計回りに巻いて固定する。ハックル・プライヤーをハックルから外し、ワイヤーをビーズ・ヘッドまで均等に巻いていく。スレッドで固定した後、ワイヤーの余りをねじってカットする

24 ピーコック・ダビングから少量を取り出す

25 ピーコック・ダビングをスレッドに巻きつける

26 写真のようにハックルとビーズ・ヘッドの間にピーコック・ダビングを巻きつける

27 ピーコック・ダビングでカラーを巻いたら、ビーズ・ヘッドの後ろでウィップ・フィニッシュをして、スレッドをカットする

28 ピーコック・ダビングをブラシでかき出す。次にクリスタル・フラッシュをマラブー・テールより少し長めにカットする。ゼブラ・ミッジの項 (p35) にあるように、ビーズ・ヘッドをヘッドセメントで固定する

29 これ以降はオプション。より見栄えのよいフライにするためのテクニックなので参考にしてほしい。フライ全体を濡らして、すべてのファイバーとテールを後方に向かってなでる

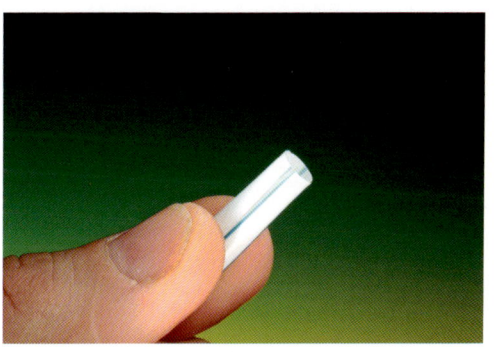

30 ストローを短くカットし、写真のように1カ所切り込みを入れる

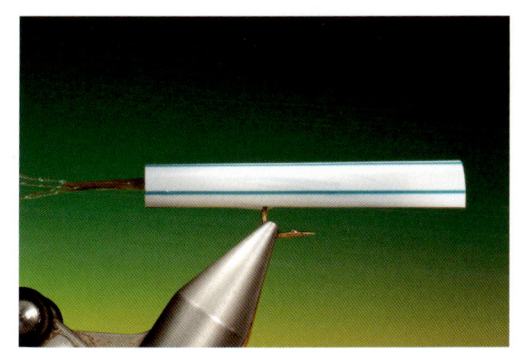

31 濡れたフライにストローをかぶせる (切り込みにフックベンドを通すように)。ストローをバイスから外して、フライを乾かす

32 乾いたらストローを外す。毛先が後ろを向いている流線型のウーリー・バガーが完成する

WOOLLY BUGGER

81

How to Tie the

クリンクハマー

　私がタイイング・デモをするときにリクエストが最も多いパターンがクリンクハマーです。どうやら、私の想像以上にパラシュート・ハックルを巻くことを苦手としている人が多いようです。

　クリンクハマーを正しいボディ・シェイプとハックル・バランスでタイイングするには、まずはフックとマテリアルの選択が重要となります。フックは、シャンクがカーブしていてゲイプが広く、ワイヤーがやや太く、アイがストレートでなければなりません。形状が似ているフック（たとえばダウン・アイのフック）でも、もちろんタイイングは可能ですが、肝心の水面での姿勢が悪くなってしまいます。

　クリンクハマーには直立したポストと、そのポストに巻かれた水平なウイングがあり、フライの上部が水面上に浮き、フック・ベンドが水面下に沈むという、いわゆる半沈状態で浮いていることが重要です。太めのフックに巻くことによって、この微妙な姿勢を保つことができるのです。これが軽めのドライフライ・フックを使ってしまうと、フック・ベンドが水中に沈んでくれず、良い姿勢で浮いてくれません。

　パラシュート・ハックルでタイヤーが苦労するのは、ハックルをきれいに仕上げることでしょう。スタンダードなカラー・ハックルは巻くことができるのに、ハックルが水平になった途端に美しく巻けなくなってしまう人が多いのです。でも、心配無用です。ここで紹介する方法で巻くこと

により、パラシュート・ハックルへの苦手意識がなくなることを保証します。

　サドル・ハックルから根元のファイバーを10mmほどむしり取り（ステップ13）、それをポストの根元に取りつけます（ステップ14）。ここまでは通常のタイイング方法と何も変わりません。で、ここでいったんフックをバイスから外して、角度を90度変えてから、再度取りつけます（ステップ22）。これだけでパラシュート・ハックルを従来のカラー・ハックルと同じような手順で巻くことができるようになります。

　最後に注意しなくてはならないのは、ウィップ・フィニッシュの際にハックル・ファイバーを引っかけないように注意することです。

この項でマスターするテクニック

- ● パラシュート・ポストの立て方とハックルの巻き方
- ● ダビング・ボディの作り方
- ● パラシュート・ポストへのウィップ・フィニッシュ

上達のためのヒント

- ● ボディ後部を極力細めのテーパーにする
- ● フライに適した長さに、パラシュート・ポストをカットすること
- ● アイをつぶさないように、最後のウィップ・フィニッシュで、フックではなくスレッドにヘッドセメントを塗る

タイイング動画

youtu.be/eNHShSju6xU
Flytying for Beginners
Klinkhamer with
Barry Ord Clarke

基本テクニック動画は p1-4、5、6、8、9 (28-30)

マテリアル・レシピ

フック: イマージャー・フック (#6-14)
スレッド: オリーブ
ボディ: スーパー・ファイン・ダビング (オリーブ)
ポスト: パラ・ポスト、もしくはエアロドライウイング (ホワイト)
ソラックス: ピーコック・ハール
ハックル: サドル・ハックル (ゴールデン・バジャーまたはシルバー・バジャー)

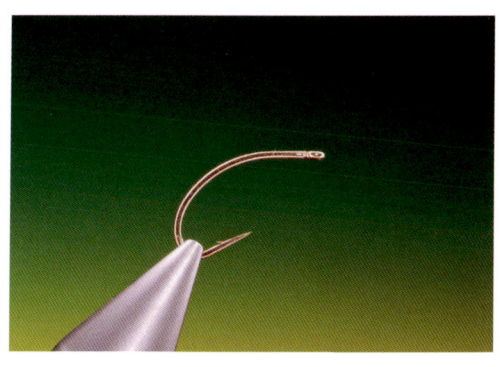

1 フックのシャンクとアイを水平にして、バイスに固定する

2 ボビン・ホルダーにスレッドを取りつける

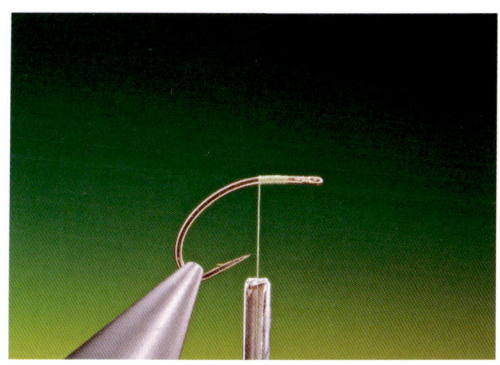

3 スレッドは、フック・アイより少し後ろにつけ、フック・シャンクの前1/3までスレッドを巻く

4 パラ・ポストやエアロドライウイングなど、ポスト用のマテリアルを準備する

5 ポスト・マテリアルをカットする。フック・サイズやマテリアルの種類によって、太さを調整する必要がある

6 写真のようにフック・アイの後ろ、ポストを立てる位置にスレッドで巻き留める。後方に余ったように見える部分はまだカットしない

7 ポストの前方をフック・シャンクに対して90度になるように持ち上げ、スレッドをポストの前方に強く押しつけるように、数回巻きつけて固定する

8 ポストの後ろ部分を持ちながら、後端を斜めにカットする（このカットはボディ・テーパーを意識して丁寧にやること）

9 斜めにカットしたポスト材を覆いながら、スレッドでボディのベースを作る（テーパーを意識しつつ、ボディは極力スリムに）

10 スレッドにダビングを施し、自然なテーパーのあるダビング・ヌードルを作る。このヌードルをボディに巻きつけていく

11 ポストまでダビングをつづけ、写真のようなテーパー・ボディを作る

12 スレッドをウイング・ポストの根元に巻きつけて、ハックルを巻くベースを作る。ポストの下から巻き上げ、巻き下ろす。ポスト前後のシャンクを巻いて固定する

13 フライにマッチしたサイズのハックルを選んで（ハックルの比率はp28を参照）、根元のファイバーをむしり取る

14 ハックルの根元をフック・シャンクに対して90度になるようにポストの土台部分に取りつける

15 ハックルのストーク部分をポストの後ろ側に巻き留め、余った部分をカットする。土台をより安定させたければ、この部分にヘッドセメントを1滴垂らす

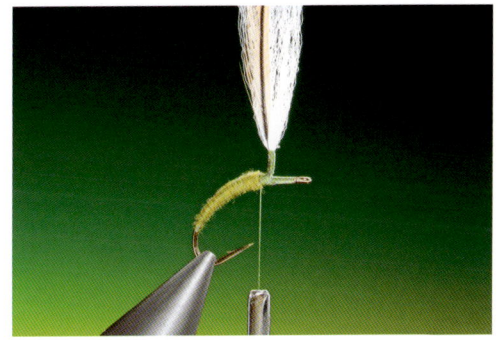

16 スレッドをソラックスの後ろまで巻き戻す

17 ピーコック・ハールを2本選ぶ（17、18のプロセスは、ビデオでは12の後でおこなっているが、この本の手順の方がお勧め）

18 ピーコック・ハールをポスト後部のボディ端に巻き留める。その後、スレッドをフック・アイのすぐ後ろまで戻す

19 ピーコック・ハールを前方にタイトに巻きつけてソラックスを形成する。フック・アイのすぐ後ろで巻き留める

20 余ったピーコック・ハールをカットする。ハールにかからないように気をつけながら、ぶら下がっているスレッドにヘッドセメントを塗る（1cm程度）

21 ここで1〜2回ウィップ・フィニッシュをして、スレッドをカットする

22 フックをバイスから外し、写真のように90度回転させて取りつけ直す。スレッドをポストの根元に再び巻きつけ直す

23 スレッドをバイスの片側にひっかけて、ハックルを巻く邪魔にならないようにする

24 ハックル・プライヤーを使って、ハックルをポストの根元に前のターンと重ならないようにタッチ・ターンで巻く

25 ハックルを巻き終えたら、写真のように余ったハックル・ストークの根元部分のファイバーをピンセットで数本むしり取る（ウィップ・フィニッシュで余計なファイバーを巻き込んでしまわないためのコツ）

26 ウィップ・フィニッシュし、余ったハックルをカットする。ポストの長さを調整してカットする

27 ハックルのすぐ下で再度ウィップ・フィニッシュをする。ハックルのファイバーを引っかけないように注意する。ノットを締める直前に、スレッドにヘッドセメントを1滴垂らし、ソラックス近くでウィップ・フィニッシュして、余りをカットする

28 完成したクリンクハマーを横から見たところ。ボディは水中に沈み、ウイングは水面上に浮く

29 上から見たクリンクハマー

30 下から見たクリンクハマー

continued overleaf

How to Tie the

ゾンカー

　1970年代にアメリカのフライタイヤー、ダン・バイフォードが考案し、瞬く間に大物狙いのフライとして世界中に知られるようになったフライです。オリジナル・パターンでは、金属シートをフック・シャンクの上に折り曲げて接着して、アンダーボディの形にカットする方法が採用されています。

　ここで紹介するのは、オリジナルの製法を現代風にシンプルにアレンジして、かつ魚へのアピール度を上げた私のパターンです。UV樹脂で覆われたボディの輝きときらめきが、柔らかなゾンカー・ストリップの効果と相まって、ベイトフィッシュらしさを演出します。

　ベイトフィッシュのイミテーション・パターンとして、ゾンカーの効果は使った釣り人なら知っているはずですが、一般的なフライとは制作手法やマテリアルが異なるために、タイイングに二の足を踏むベテランも少なくありません。決して難しいパターンではないので、これを機にタイイングしてみてください（ボディ材のブレイドは細いマイラーがより合わされているもので、メーカーによって呼称が異なります。ユニ・プロダクツ社、センパーフライ社からは「フラット・ブレイド」、テック・ストリーム社からは「メタル・ブレイド」、ビニヤード社からは「ホロ・ブレイド」として販売しています。

フォックス、スクィレル、ミンクなどから作られたゾンカー・ストリップを含めて、あらゆる色のラビット・ファー・ストリップが市場に出回っています。また、ボディ用のフラット・ブレイドの種類も豊富なので、組み合わせの可能性は無限大です。

ストリップの長さは、フック・シャンクの長さの2倍を超えないようにします。それ以上の長さは、キャスト時にフック・シャンクに巻きつく可能性が高いので注意してください。

ボディ材が硬化している間に微調整ができるように、中程度の粘度で透明なUVレジンを選びましょう。レジンは一度に少しずつしか塗らずに、数回に分けて硬化させます。こうすることで失敗を避けつつ、微調整しながらボディを形成することができます。

このテクニックをマスターすれば、タイイングのたびに大きさや形状が変化してしまうこともありません。ロータリー式のバイスがない場合は、固定式バイスをベンチから取り外して、手動で回転させ、ＵＶレジンをボディに均等に行きわたらせましょう。ちなみに、ベイトフィッシュ・パターンのアイはとても重要だと私は信じています。

この項でマスターするテクニック

- UVレジン製ベイトフィッシュ・ボディの作り方
- ゾンカー・ストリップ・ウイング・テクニック
- ベイトフィッシュのアイの作り方

上達のためのヒント

- UVレジンを少しずつ塗り、硬化させてから、次のUVレジンを塗る
- フックに取りつける前に、ゾンカー・ストリップを正しい形にカットすることに時間をかける
- UVレジンがない場合は、ステップ1の後にレッド・ワイヤーを少し加える

ゾンカーは、バック・テールやフェザー・ウィングのストリーマーとは異なり、非常に頑丈なパターンです。正しくタイイングできれば、かなり長持ちします。フックは標準的な長さのストリーマー・フックを使用し、ソルトウォーターで釣る場合は、さびないフックを使ってください。

タイイング動画

youtu.be/dwIH6Y0V6Xg
Flytying for Beginners
UV Zonker with
Barry Ord Clarke

基本テクニック動画は p1-4、8、9 (28-30)

マテリアル・レシピ

フック: ストリーマー・フック (#6)
スレッド: レッド
アンダーボディ: フラット・ブレイド
オーバーボディ: UVレジン
ウイング／テール: ゾンカー・ストリップ
アイ: テープ・アイ（イエロー）

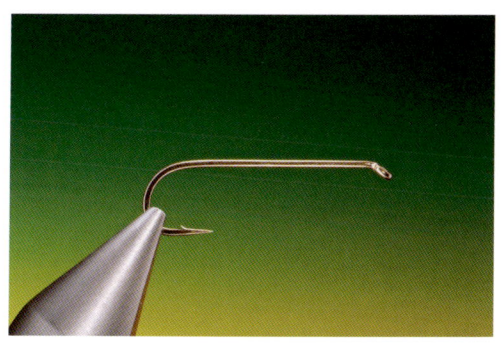

1 フック・シャンクが水平になるようにフック
をバイスに固定する

2 ボビン・ホルダーにスレッドをセットする

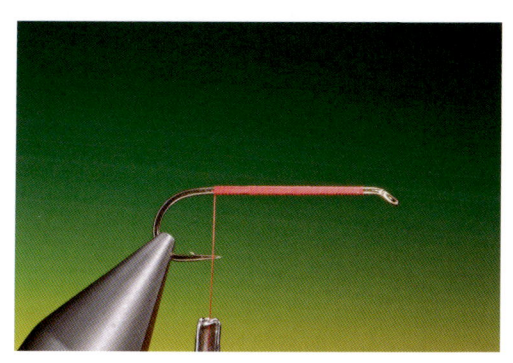

3 スレッドをフック・ポイントにかかるまで、
フック・シャンクに沿って巻く

4 フラット・ブレイドを20cm程カットする

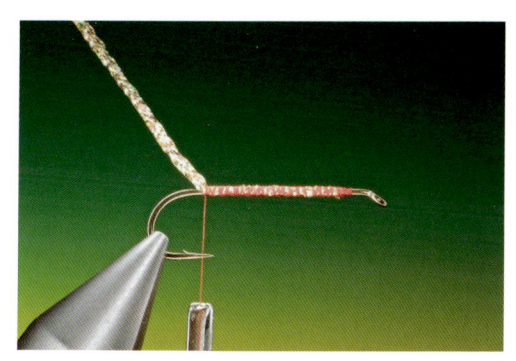

5 フラット・ブレイドをアイの後部からフック・シャンク上部に沿って巻き留める

6 フラット・ブレイドを、写真のような葉巻状
のテーパーになるように、均等に巻きつけ
る。ブレイドの余分な部分をカットし、ウィ
ップ・フィニッシュする（フライ後部でのウィ
ップ・フィニッシュの手順はヘッド部分とまっ
たく同じ）

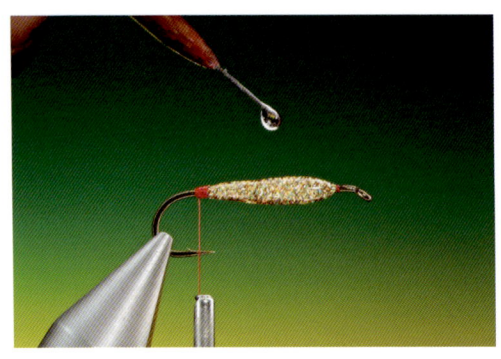

7 UVレジンを、ボディにごく少量ずつ塗る（少しずつ、硬化させては塗ることを繰り返す）

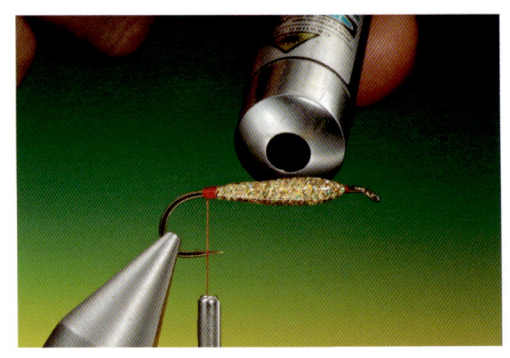

8 バイスを回転させ、UVライトで硬化させる（塗り過ぎると硬化しないので、前の層の硬化を確認してから、次の塗りに移ることがコツ）

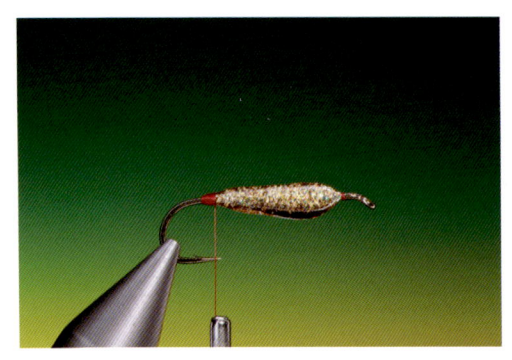

9 写真のようなサイズと形になるまで、7と8を繰り返す

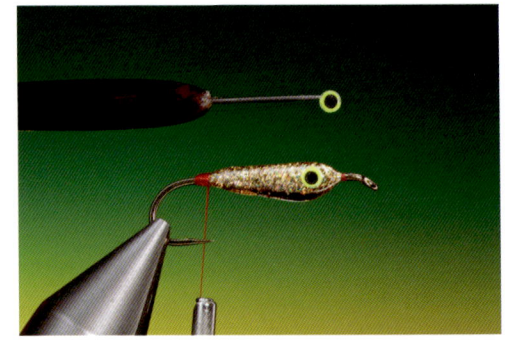

10 テープ・アイを、ボディのヘッド部分の両側に一つずつ貼りつける。位置が決まったらUVレジンを薄く塗って、硬化させる

11 ゾンカー・ストリップをフック・シャンクの2倍の長さにカットする。ストリップの先端を写真のようなテーパーでカットする

12 先端の毛を少し濡らして、図のように毛の分け目を作る

13 ストリップをフック・シャンクの上に置き、スレッドを数回きつく巻き留める。同じ位置で2度ウィップ・フィニッシュをする

14 固定した部分にUVレジンを1滴垂らし、UVライトで硬化させる

15 スレッドをフック・アイのすぐ後ろに取りつけ直す。スレッドの真上で分け目を作る

16 スレッドを2〜3回転させて、ゾンカー・ストリップを固定する

17 フック・アイからはみ出したゾンカー・ストリップを慎重にカットする。その後、カット部分にスレッドを数回巻いてヘッドをきれいに整え、ウィップ・フィニッシュを数回施す

18 スレッドをカットし、ヘッドにUVレジンを塗って硬化させる。完成したUVゾンカー

How to Tie the

エルク・ヘア・カディス

　カディス・パターンの中で最も愛用者が多いと断言できるフライで、その理由は言うまでもなく、よく釣れるからです。私自身、30年以上このフライで釣りをしていますが、毎シーズン「悔しいけど、やっぱり釣れる」と思います。エルク・ヘア・カディスの開発者であるアル・トロスは、メスのエルクの後ろ脚部分を漂白して使用するように勧めていますが、現在では入手が容易なマテリアルとは言えません。じっさい、オリジナルにこだわる必要はなく、質の良いエルク・ヘアであれば、問題なく良い仕事をしてくれます。エルク・ヘア・カディスに欠点があるとすれば、離れた水面や波立った水面で、フライがやや見えにくくなるというくらいでしょうか。

　エルク・ヘアやディア・ヘアは、ビギナーのみならず、多くのベテラン・タイヤーにとっても扱いが難しいマテリアルの一つです。良質なヘアの入手が成功への近道です。エルク・ヘアも他の天然素材と同様に毛の色とその濃淡、長さ、密度など、同じものは二つとありません。エルク・ヘア・カディスに使用する素材は、90度にフレアするような粗くて太いものではなく、45度程度にフレアするヘアが必要です。また、毛先が細く、まっすぐで、かつ毛先がブリーチ（脱色）処理で

焼けていないものを選びましょう。

　私の個人的な経験で言えば、このパターンは#14-16の小さいフックサイズがトラウトの目に最も魅力的に見えているように思います。そんなサイズのフライをタイイングするときは、より細いエルク・ヘアを使うようにしてください。

　またエルク・ヘア・カディスにはさまざまなボディ色のバリエーションがありますが、私はオリーブとオレンジが最も効果的だと感じています。

　このパターンは、カディスのハッチ時だけでなく、表層をスケートさせるサーチング・パターンとしても有効です。ボディ全体に巻くパーマー・ハックルの毛先部分で浮くようなハイ＆ドライで釣ることもできますし、リトリーブしたときにポッパーと同様、水面で音を立てるように、フライの下部をカットして使うこともできる、オールラウンド・パターンなのです。

この項でマスターするテクニック

- パーマー・ハックルのタイイングとコパー・ワイヤーでの固定の仕方
- エルク・ヘアを使ったウイングの作り方
- エルク（ディア）・ヘアのクリーニングとスタッキング（スタッカーを使って毛先をそろえる作業）

上達のためのヒント

- ボディをタイトにダビングする
- ハックルのターンは少なめに
- ウイングに使うヘアから、丁寧にアンダーファーを取り除く

タイイング動画

youtu.be/A98qPGVtzBl
Flytying for Beginners
Elk Hair Caddis with
Barry Ord Clarke

基本テクニック動画は p1-9 (28-30)

マテリアル・レシピ

フック：ドライフライ・フック（#10-16）
スレッド タン
ボディ：スーパー・ファイン・ダビング（オリーブ、または好みのカラー）
ウイング：エルク・ヘア（ブリーチ）、ディア・ヘアでも可
ハックル：コック・ハックル（ブラウン）
リブ：コパー・ワイヤー（エクストラ・ファイン）

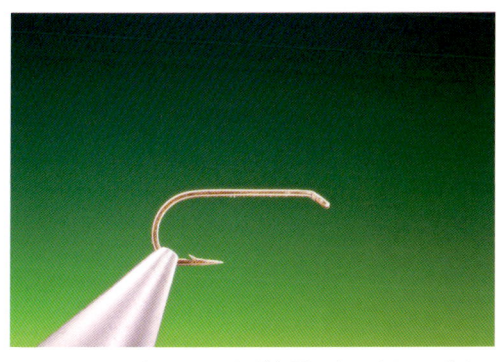

1 フックを、シャンクが水平になるようにバイスに固定する

2 ボビン・ホルダーにスレッドをセットする

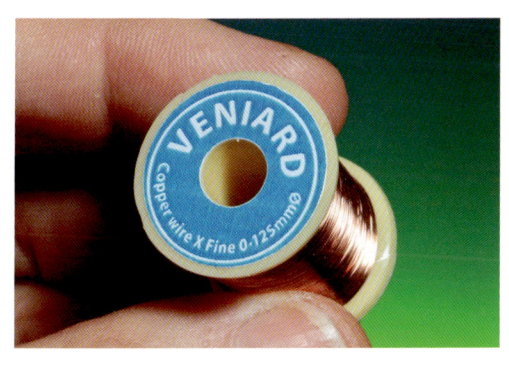

3 リブ用のコパー・ワイヤーを20㎝程カットする

4 スレッドをフック・シャンク全体に巻く。コパー・ワイヤーをフック・シャンクに沿って、バーブ上に巻き留める

5 ごく少量のダビング材をスレッドに巻きつける

6 ダビング材を巻くときは、フック・シャンクにいったん時計回りで数回だけ巻き、まず片側を固定する。その後、改めてダビング材をひねると緩まずタイトになる。ヘッドに向かってタッチ・ターンで巻いていき、ボディを作る

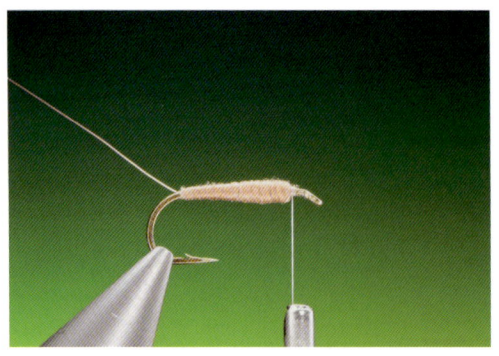

7 ボディは細身で、均等にヘッドに向かってわずかにテーパーが増すようにする（フック・アイから3mm程後ろまで）

8 ハックル・ストークの根元からハックル・ファイバーをむしり取る

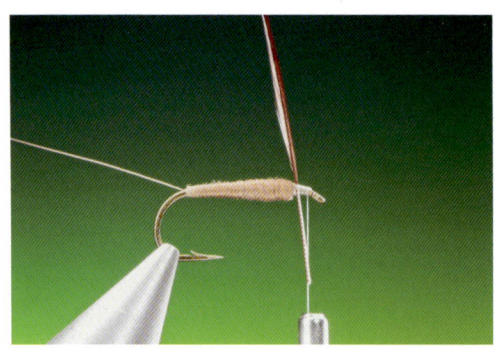

9 ハックルがフック・シャンクに対して90度になるようにX・タイで固定する

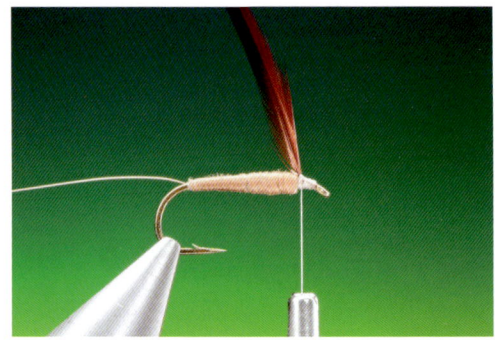

10 ハックルの根元をカットする

11 ハックル・プライヤーを使ってハックルをフライの後方に（時計回りの方向で）間隔を空けて均等に巻いていく

12 ハックルがボディの後方まで来たら、コパー・ワイヤーを1回転させて、ハックルを挟み込むようにして固定する。ハックルを固定したら、ハックル・プライヤーをハックルから外してワイヤーを挟み、ハックルの隙間を通すようにして時計回りに5〜6回転させて巻きつける

13 スレッドを数回転させてワイヤーを固定する。フック後部の余ったハックル・ティップをカットする

14 スレッドにテンションをかけたまま、余ったワイヤーをひねってカットする。スレッドをカットしたワイヤーの上で数回転させる

15 エルク・ヘアを根元からカットする（ウイングにはまっすぐで少し硬めの毛が適している）

16 カットしたエルク・ヘアの束を、目の細かいクシか歯ブラシを使って、アンダーファー（柔らかな下毛）と、短いヘアを取り除く

17 毛束からアンダーファーがなくなったら、スタッカーに入れて毛先の先端をそろえる

18 スレッドを反時計回りに回転させて、フラットにする（ラウンド状のままにしておくと、スレッドの種類によってはヘアが千切れてしまう）。ヘアの束を左手に持って、根元をスレッドで緩く2回転させ、ゆっくりと徐々に力を加えながら締める（スレッドが切れないように）

19 根元が固定できたら、さらにスレッドで根元側のヘア間を数回巻いて、完全に固定する

20 ヘアを持ち上げて（写真ではアイの右側）、フック・アイの後ろ側で2〜3回ウィップ・フィニッシュし、スレッドをカットする

21 ヘアの根元側を写真のような形になるようにカットする。ヘッド部分にヘッドセメントを垂らす

22 完成したエルク・ヘア・カディス

How to Tie the

コパー・ニンフ

　世界中のフライショップで最も売れているフライ・パターンといえば、コパー・ジョンとブラッシーになるでしょう。その後、バリエーションとしてコパー・ニンフが登場したわけですが、コパー・ニンフからもさらなるバリエーションが発生し、今ではこのバリエーションだけで1冊のパターンブックが出せるほどです。いずれにしても、これらのパターンに共通しているのは、アブドメンにコパー・ワイヤーが使われていることです。

　コパー・ワイヤーは、このパターンに自動的にウェイトも加えます。機能とルックスがマッチしている優秀なフライの典型例というわけです。川のトラウトは、一般的に光り物に弱い傾向があるために、このパターンでアブドメンに使用されるコパー・ワイヤーが生きてきます。

　ここで紹介するパターンでは、従来のフェザント・テール、ウッド・ダック、ピーコック・ハールに加えて、比較的新しい素材であるフラット・コパー・ワイヤーを使用しています。フラット・コパー・ワイヤーの入手が難しければ通常のオーバル形状で大丈夫です。

　このフライは、一般的なメイフライ・ニンフに要求されるすべての要素でその身を包んでいます。

新しいフライをデザインするときのコツは、テール、レッグ、ヘッドなど、イミテートしようとする生物の最も顕著な特徴を誇張することです。あるいはそのフライは、人間の目には本物に似ているようには見えないかもしれません。でも、自分が魚になったつもりで想像してみてください。川を流れてくる獲物は、一瞬にして目の前を通過してしまうのです。流れてくる物体が、捕食物であるかどうかを一瞬で判断するには、最も特徴的な形状や状態に頼るしかないわけです。

テールにウッド・ダックがない場合は、マラード・フランク・フェザーや、斑模様のスペックルド・ハックルを使うこともできます。CDCのように、代用が難しいマテリアル以外は、いろいろと自分で工夫を加えて、オリジナルやバリエーションを作るのもフライタイイングの大きな楽しみの一つです。

この項でマスターするテクニック

- アブドメンにコパー・ワイヤーを巻く方法
- フェザント・テールでアブドメンを形成する方法
- コパー・ワイヤーがねじれず、重ならないように巻く方法

上達のためのヒント

- フェザント・テールはファイバーの長いものを選ぶ
- ヘッドセメントが乾いてから塗り足すこと
- ワイヤーの種類にはこだわらない

タイイング動画

youtu.be/xMNcfZmSDfQ
Flytying for Beginners
Copper Nymph with
Barry Ord Clarke

基本テクニック動画は 1-4、8、9 (28-30)を参照

マテリアル・レシピ

フック：ニンフ・フック (#8-12)
スレッド：ブラック
テール：ウッド・ダックまたはマラード・フランク
アブドメン：フラット、もしくはラウンドのコパー・ワイヤー＆フェザント・テール
リブ：ワイヤー (ブラック)
レッグ：フェザント・テール
ソラックス：ピーコック・ハール
ウイングケース：フェザント・テール

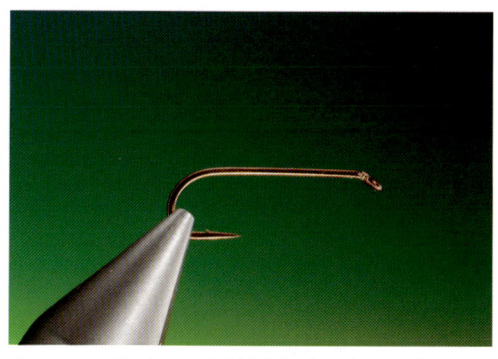

1 フック・シャンクが水平になるようにバイスに固定する

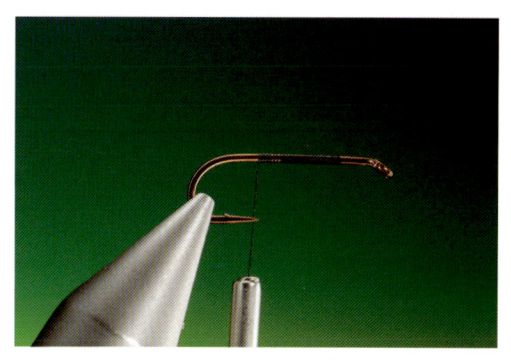

2 スレッドをフック・アイより少し後ろに取りつけ、フック・ポイントあたりまで巻いていく

3 ウッド・ダックかマラード・フランク・フェザーから、テール用に数束のファイバーをカットする

4 テールの長さをフック・シャンクの2/3程度になるように、フック・シャンクの上に巻き留める

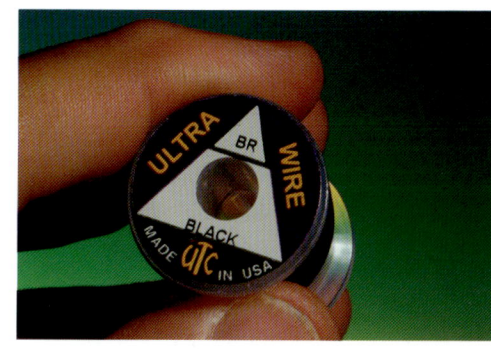

5 ワイヤー（ブラック）を20cm程カットする（ウルトラ・ワイヤーは光沢が強いので、このフライに最適）

6 ワイヤーを写真のようにスレッドの上に重ね、テールのつけ根で固定する（このときスレッドで腹部にわずかなテーパーをつける）

7 アブドメン用のコパー・ワイヤーを25cmほどカットする（オーバルとフラットのどちらでも可）

8 コパー・ワイヤーをテールのつけ根に巻きつける。スレッドをソラックス付近まで巻き進める

9 フェザント・テール・ファイバーをカットし、先端側をテールのつけ根に巻き留める。スレッドでボディにテーパーをつけながら、ソラックス付近まで巻き進める

10 コパー・ワイヤーをタイトにタッチ・ターンで巻き始める。ロータリー・バイスであれば、ワイヤーにねじれを入れず、きれいに巻くことができる

11 写真のように、アブドメン全体をコパー・ワイヤーで覆う。ソラックス部でスレッドで固定し、ワイヤーを数回転させ（ねじって）カットする

12 フェザント・テールをフック・シャンクの上にかぶせ、ソラックス部でスレッドを2～3回巻いて固定する

13 ワイヤーをコパー・ワイヤーのアブドメンに等間隔で5〜6回転させ、リブを作る。フェザント・テールがフック・シャンクの上にフラットに乗っているように注意する

14 スレッドをソラックス部で2〜3回ほど巻き、フェザント・テールを折り返す。ワイヤーでフェザント・テールを完全に固定する。余っているワイヤーをスレッドで巻き留めてから、手元を回転させてカットする

15 新たにフェザント・テール・ファイバーを10〜12本ほどカットして、先端をそろえる

16 フェザント・テールの先端をフック・アイの先に出してスレッドで固定する（折り返したときにレッグの長さになるように）

17 16のプロセスを上から見たところ。フェザント・テール・ファイバーは、ウイング・ケースにするので切り落とさないこと

18 ピーコック・ハールを1本カットする

19 ピーコック・ハールの先端部を2〜3cmカットし、先端をアブドメンの端に巻き留める

20 ハックル・プライヤーでピーコック・ハールをタッチ・ターンで巻きつけてソラックスを形成し、フック・アイの後ろで固定し、余りをカットする

21 フェザント・テールのレッグを左右半分ずつに折り返し、スレッドを数回巻いて固定する

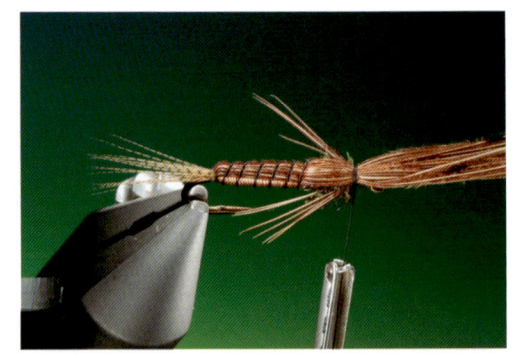

22 テール側に残ったフェザント・テールのファイバーの1本1本が重ならないように注意しながら折り返して、フック・アイの後ろで巻き留める

23 余ったフェザント・テールを、アイに向かって傾斜がつくように斜めにカットする。カットした断面をスレッドで覆いながら、フック・アイまで進め、さらにアイ側から後方へと巻きつけて、きれいなヘッドを作る

24 ウィップ・フィニッシュしてスレッドをカットし、ヘッドセメントを垂らす（美しいヘッドを作るためには2度塗りする必要があるかもしれない）。これは下側から見たところ

25 上から見たコパー・ニンフ

26 完成したコパー・ニンフ。流れの中の速いポケット・ウォーターをサーチするのに最適

ヘア・ウイング・ダン

　メイフライのダン（亜成虫）を種別にイミテートしてタイイングするとなると、膨大なパターンを制作することになってしまいます。フライフィッシングには確かに水生昆虫学的な楽しみ方もありますが、こと魚を釣り上げるということだけを考えると、標準的なメイフライのアトラクター・パターンを、カラーとサイズちがいで用意しておくのが現実的です。ここで紹介するヘア・ウイング・ダンはタイイング方法を覚えてしまえば、フックのサイズ、ボディとハックルの色、そして場合によってはテールとウイングのマテリアルを変えることで、たいがいの中大型メイフライ用にアレンジすることができます。

　このパターンはカゲロウのダンのテール、ボディ、レッグ、ウイングなどのシルエットや色調をやや誇張しながら再現して、頭上に流れてくる捕食物として、トラウトが認識しやすいようにデザインされています。

　テールとウイングに使うディア・ヘアをフライショップで選ぶときには、先端がまっすぐに伸びている毛を探しましょう。ここはこだわってください。メイフライ・パターンのウイングにディア・ヘアを使用するというと、多くのベテランはバルキーなフライを連想しがちですが、シルエットを大きくすると途端に効果が薄れます。

テールとウイングの束をカットするときは、それぞれ使用するフックサイズに比例した長さで、以下のようなプロポーションになるように、細心の注意を払ってください。
●テールの長さ＝フック・ゲイプの2〜2.5倍
●ウイングの長さ＝フック・ゲイプの2倍
●ハックルの長さ＝フック・ゲイプの1.5倍
　ウイングをタイイングするときによくある問題は、ボディが太くなってしまったり、膨らんでしまったりすることです。これを避ける確実な方法は、余ったディア・ヘアをフック・シャンクに沿って斜めにカットすることです（ステップ9）。この状態でスレッドを数回巻くと、ボディにきれいなテーパーが生まれて、ヘアの大部分はハックルの下に収まります。
　ディア・ヘアを使ったテールの場合、フレアして扇状に広がらないようにするには、以下のテクニックが必要です。
　アンダーファーなどを取り除いたクリーンなディア・ヘアの束を左手に持って、スレッドでフックの中間に固定します。そして、スレッドを反時計回りに回転させてフラットにしてから、テールに向かって巻き進めていきますが、テールの根元に近づくにつれてスレッドの圧力を緩めるのです。再びスレッドをヘッド側に巻き戻していくときは、逆に少しずつ強めに巻いていきます。つまりテールの根元を緩めの力で巻くことで、フレアを避けるわけです。

この項でマスターするテクニック

● 良いディア・ヘアの選定方法と正しい処理方法

● ウイングの分け方と固定方法

● 伝統的なカラー・ハックルを巻く方法

上達のためのヒント

● 最高の結果を得るためには、準備段階を面倒がらずに時間をかける

● ディア・ヘアの量は、思っているよりも少なめがちょうどいい

タイイング動画

youtu.be/HJpcM0CvxMw
Flytying for Beginners
Hair Wing Dun with
Barry Ord Clarke

基本テクニック動画は p1-9 (28-30)

マテリアル・レシピ

フック: ドライフライ・フック (#10-16)
スレッド: グレー
ボディ：スーパー・ファイン・ダビング (グレーまたはブルー・ダン)
ウイング：ディア・ヘア (細くて、長めのものが最適)
ハックル: コック・ハックル (ブラウン・ダイド・グリズリー)
テール：ディア・ヘア

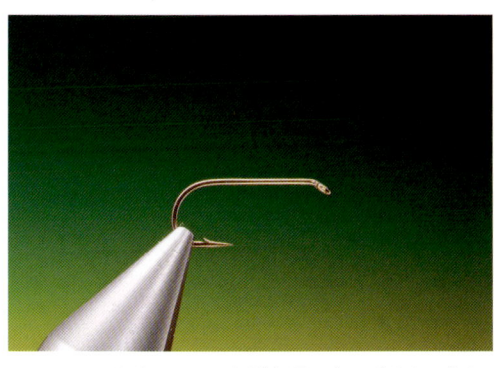

1 フックを、シャンクが水平になるようにバイスに固定する

2 ボビン・ホルダーにスレッドを通す

3 スレッドをフック・シャンクに取りつけ、写真のように短めのベースを作る

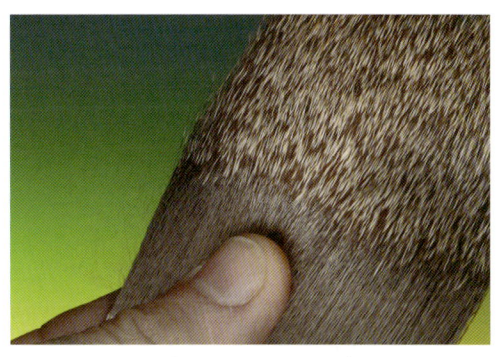

4 両ウイングに必要な分量のディア・ヘアをカットする

5 柔らかいアンダーファーと短いヘアを取り除く

6 ヘア・スタッカーで毛先をそろえる

7 スタッカーから慎重にヘアを取り出し、左手で持ち、ウイングの長さを測る（フック・ゲイプの2倍）

8 左手でヘアを固定したまま、スレッドを数回きつく巻いて固定する。ヘアをつまんだまま、スレッドを後方に数回巻きつける

9 左手で毛束を持ち上げ、写真のように余った部分を斜めにカットする

10 スレッドを反時計回りに回転させてフラットにする。ウイングの根元全体をスレッドで覆い、テーパーのあるボディの下地を作る

11 ウイングを垂直に持ち上げ、スレッドをウイング前方に数回タイトに巻く。こうすることで、ウイングは90度で直立する

12 ダビング・ニードルを使い、ウイングを均等に2分割する

13 ウイングを分けたら、X・タイで固定する（これ
でウイングが左右に分かれたままになる）。
次に、スレッドを両ウイングの根元に数回
巻きつける

14 スレッドをテール側に戻す

15 テール用に小さめのディア・ヘアの束をカッ
トし、スタッカーで毛先をそろえる

16 p114で説明したやり方でテールを巻き留
める

17 テールを固定したら、スレッドをウイングの
つけ根に向かって前方に巻き進める

18 余分なディア・ヘアを注意深くカットし、ス
レッドをウイングの根元に数回巻きつける

19 ブルー・ダンかグレーのスーパー・ファイン・ダビングを少量、スレッドにダビングする

20 スレッドをウイングに向かって巻き進める（細身のボディになるように。上の写真に惑わされないように。じっさいにはごくごく少量）

21 写真のようにボディ全体をダビング材で覆ってから、ウイングのすぐ後ろにスレッドを持ってくる

22 ハックル・ストークのつけ根からウェッブをむしり取る

23 ハックルがフック・シャンクに対して約90度になるように、ストークの前後をX・タイでソラックス部に巻き留める

24 ハックルを前方に、ストークが重ならないように注意深く巻いていく。ウイングのすぐ後ろまで来たら、次のターンでウイングの前にハックルを持っていく。フック・アイのすぐ後ろまで巻き進めたら、ハックルを巻き留めて、余分な部分をカットする

25 ウィップ・フィニッシュを2、3回行い、ヘッドセメントを1、2滴垂らす

26 完成したヘア・ウイング・ダンを上から見たところ

タイイングを楽しくするヒント

マテリアルの収納

マテリルは取り出しやすい場所に収納しましょう。必要なマテリアルを探す時間が大幅に短縮され、実質的なタイイングの時間が増えるという実利性もさることながら、じつは収納はモチベーションに影響します。何がどこにあるのかがわからない状態では、面倒臭さが先に立って、タイイング・デスクの前に座ることさえおっくうになってしまいます。マテリアルを収納するためには、密閉性の高いケースを大小2～3個購入することをお勧めします。こ
れらは、フェザーやファーなどの天然素材を家内に住む小さな害虫から守ってくれます。透明なプラスチック・ケースなら、どんな材料や道具が入っているか一目瞭然で、探しているものを見つけるために全部開ける必要もありません。万が一、害虫がボックスに入り込むと卵を産みつけるリスクがあるので、すべての天然素材を別のプラスチック・ケースか袋に入れて、4～5日間冷凍庫に入れてください。この方法で虫は駆除されるはずです。

プロポーション

フライのプロポーションについては、フライフィッシャーの間で議論が絶えません。どのようなプロポーションが最も生命感を伝えるのか、魚の目に魅力的に映るのか、あるいはタイヤーにとって審美眼的に美しいのか？　こういった疑問に対する回答は人によって異なります。重要なのは、常に同じプロポーションでタイイングすることです。タイイングするたびにプロポーションが変わってしまうと、いったい何が効果的だったのかが不明確になってしまいます。プロポーションを同一に保つための最大の鍵は、何度も同じフライを巻きつづけることです。前回巻いたフライを同じプロポーションで作ることができるようになるまで、ひたすら巻きつづけてください。あらゆる作業や運動同様、頭で覚えるのではなく、体（タイイングの場合は指先）で覚えることが重要です。フライショップで売っているフライが均一なのは、同じ人が同じフライを延々と巻きつづけているからなのです。また、人の感覚と

いうのは当てにならないものなので、タイイング・デスクには常に30cm定規を置いて、準備するときやタイイングの最中に、マテリアルの長さや幅を測るようにしてください。こうすることで、フライのプロポーションが確実に安定するようになります。この作業を面倒臭がっていると、いつまでもフライを均一に巻けるようにはなりません。ウイングやハックルなどのマテリアルの長さがそろうだけでなく、ティンセルやフロスをスプールから必要な長さだけカットすることで、マテリアルを無駄にすることもなくなります。

タイイング前の準備

同じパターンを半ダース以上タイイングする場合は、必要なフックとマテリアルを準備します。まず、フックの数を数えて、それらを小さなプラスチック容器に入れてからマテリアルの準備をします。ハックルは適切なサイズのものを選び、根元のウェッブをはぎ取り、ストークの根元をカットします。ヘアを使う場合は、必要な束をすべてカットし、短い毛や余分なアンダーファーを取り除いてトレイに重ねておきます。このトレイから、各フライに必要な分だけをつまんでスタッカーに入れるのです。ティンセルやフロスを使う場合は、フライの数だけ適切な長さにカットしておきます。すべての材料が準備できたら、タイイング・デスクのスペースを確保し、フックと材料を使う順番に並べます。

作業スペースの整頓

タイイング・デスクを整頓し、ツールやマテリアルを整理整頓しておけば、一目でわかり、簡単に手が届きます。手順の途中で必要なツールやマテリアルが見つからないと、とてもイライラするものです。

照明

タイイング・デスクの照明は、道具と同じくらい重要です。特に小さなフライをタイイングする場合、照明が暗いと作業が難しくなり、目も疲れます。できればフレキシブルなアームで簡単に位置決めができる、昼光色のライトを使うことをお勧めします。

Index

Index

The Author

数々のフライタイイング・コンテストでメダルを獲得し、国際的に高く評価されている著名フライタイヤー。イギリスで生まれ育ち、現在はノルウェーに居住している。これまでにフライタイイングに関する35冊以上の本を執筆、共著、寄稿しており、YouTubeのチャンネル「ザ・フェザー・ベンダー/The Feather Bender」の登録者数は5万人にのぼる。本書『フライタイイング・ザ・ベーシック・スキル』はステップ・バイ・ステップのタイイング・プロセスを数多くの写真で紹介しつつ、上記の人気YouTubeチャンネル「The Feather Bender」の動画にリンクさせているところが画期的である。そんな活動が認められ、アメリカのフライフィッシング雑誌である『Fly Tyer』において、2021年フライタイヤー・オブ・ザ・イヤーに選ばれた。オリジナルのフライはロンドンの「フライフィッシャーズ・クラブ・コレクション」やアメリカの「キャッツキル・マスター・フライタイヤー・コレクション」にも展示されている。また、マスタッドとビニアードのフライタイイング・コンサルタントでもある。そんなクラークのタイイング手法は、常にミニマムかつスタイリッシュであり、親しみやすく、わかりやすいYouTubeでのチュートリアルは、多くの初心者を励まし、経験豊富なタイヤーに新たな気づきを与えつづけている。

© David Edwards

THE FEATHER BENDER
EST. 1961

フライタイイング・ザ・ベーシック・スキル

著者	バリー・オード・クラーク
翻訳	ふらい人書房編集部
発行日	2025 年 2 月 14 日　第 1 版
発行者	ふらい人書房
校正	舟串彰文
印刷所	株式会社　藤プリント
発行所	ふらい人書房
	東京都町田市三輪緑山 2-25-21
HP	www.flybito.net
e-mail	flybito@me.com